中华名人故事图画书

山东城市出版传媒集团·济南出版社

孟子的故事

图 李维定
文 路艳艳

图书在版编目（CIP）数据

孟子的故事/李维定，路艳艳著 .—济南：济南出版社，2023.2
（中华名人故事图画书）
ISBN 978-7-5488-5298-8

Ⅰ.①孟… Ⅱ.①李… ②路… Ⅲ.①孟轲（约前 372—前 289）—生平事迹—青少年读物 Ⅳ.① B222.5-49

中国版本图书馆 CIP 数据核字（2022）第 216645 号

孟子的故事
MENGZI DE GUSHI

出版人	田俊林
责任编辑	王小曼
封面设计	焦萍萍
出版发行	济南出版社
地　址	山东省济南市二环南路 1 号
邮　编	250002
印　刷	济南新先锋彩印有限公司
版　次	2023 年 2 月第 1 版
印　次	2023 年 4 月第 1 次印刷
成品尺寸	170 mm×240 mm　16 开
印　张	5.25
字　数	32 千字
书　号	ISBN 978-7-5488-5298-8
定　价	39.80 元

（济南版图书，如有印装错误，请与出版社联系调换。联系电话：0531-86131736）

从幼时随孟母三迁至老年著述讲学
孟子的人生经历，丰富而磅礴
与母亲的日常生活，厚实了他求知的信念
游历各国的言行与论争，坚定了他治国的理想
置身于画中孟子的身旁
观其色，听其言，察其行
可体味到"亚圣"昂扬奋进的人生姿态
感受他博大精深的思想智慧

2400多年前,
中华大地上分布着大大小小上百个诸侯国,
除秦、楚、齐、燕、韩、赵、魏7个大国外,
还有宋、鲁、郑、卫、薛、滕、邹（邾）等诸多小国。
200多年间,
大国为了争夺土地、兼并小国,
常常短兵相接、相互攻击,
因此这个时代被人们称为"战国时代"。

"战国"还包含着另一层含义：
诸子们唇枪舌剑，
相互批判、辩论，
出现了"百家争鸣"的局面。
儒、墨、名、法、农、阴阳等各个学派为参与政治，
争相阐述、发扬自己的思想与治国方略。

周烈王四年（前372）四月初二，
这个动荡不安年代里的普通一天，
邹国凫（fú）村中的孟氏一家却欢天喜地，
经过十个月的煎熬与等待，
他们终于迎来了一个可爱的男婴——孟轲（孟子）。

虽然小孟轲尚在襁褓之中，
但为了家计，
即使有再多的不舍，
孟父也不得不常年在外奔波，
于是照顾、教养儿子的重任就落在了孟母一个人的身上。

孟家住在墓地旁边,
每有葬礼,小孟轲就去凑热闹。
母亲见他玩耍时总模仿葬礼仪式——挖坑、埋东西、跪拜、号哭,
认为这不是他该学的东西,
于是决定搬家。
他们搬到商铺林立、热闹非常的集市旁。
小孟轲又和新朋友玩起了做买卖的游戏,
一会儿高声叫卖,一会儿讨价还价。

孟母觉得这种环境也不利于孩子成长,
便再次离开。
这次,他们搬到学宫旁。
学子们每日学习设俎豆祭祀祖先、揖让进退觐见诸侯的礼仪,
小孟轲也时时模仿,孟母欣然定居于此。

为了供小孟轲读书，
母亲省吃俭用，整日织布贴补家用。
这天，
小孟轲读完书后也不跟老师告别就匆匆回了家。
孟母见他回来，
便问道："学习进展到了什么程度？"
小孟轲敷衍道："还和以前一样。"
见儿子这样不求上进，
孟母拿起剪刀，剪断了正在织的布。
小孟轲见状害怕极了，
忙问母亲这样做的原因。
孟母说："你荒废学业，
就像我剪断这织布机（上的布）一样。
织布，必须从一根根线开始，
一寸一寸地织成一匹，
然后才能做衣服。
读书也是这个道理。
学习不是一天两天的事，
如果不能持之以恒，
像你这样半途而废、浅尝辄止，
以后怎能成才呢？"
孟轲听了母亲的教诲后，
早晚勤学，诵读经典。

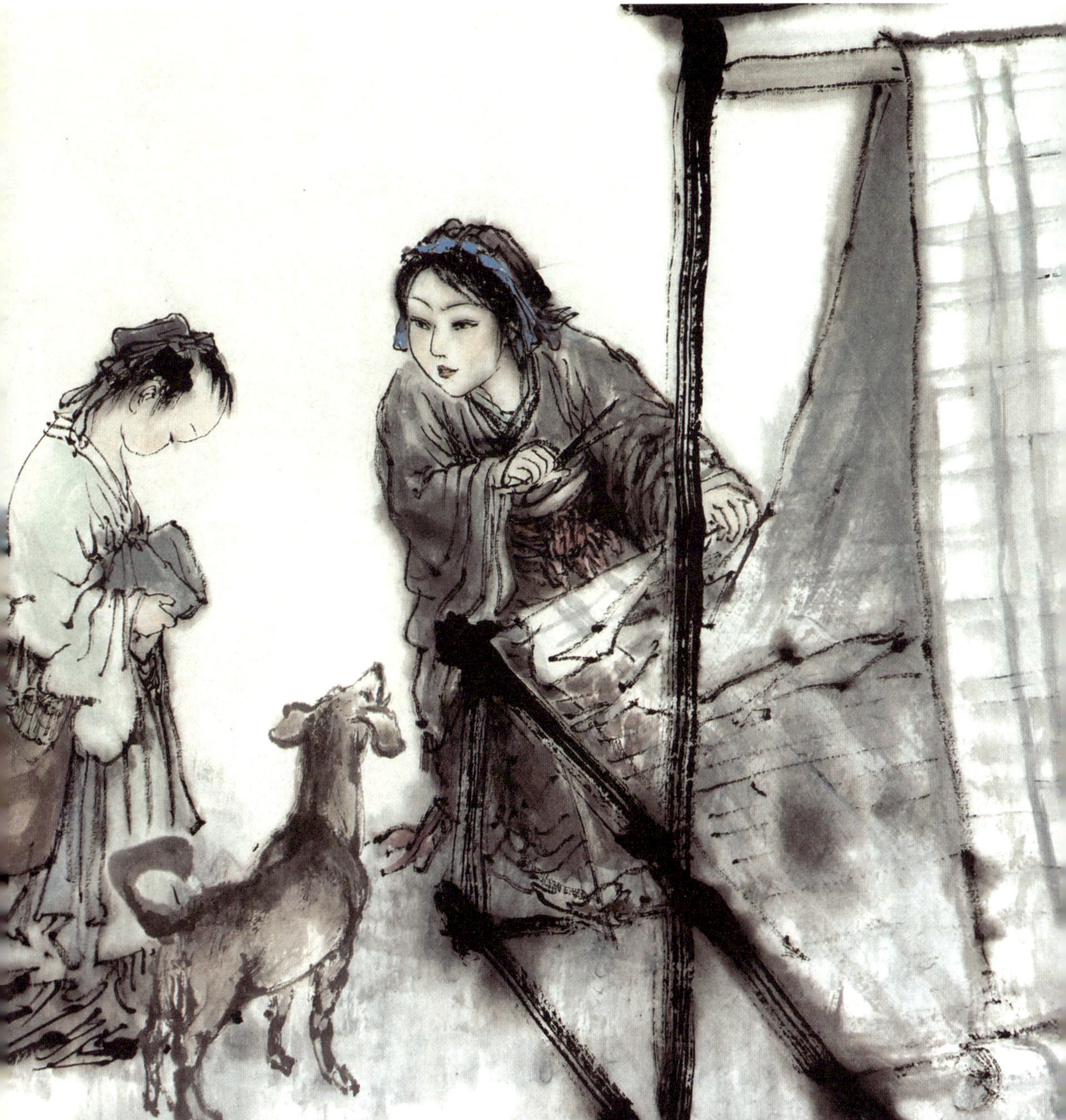

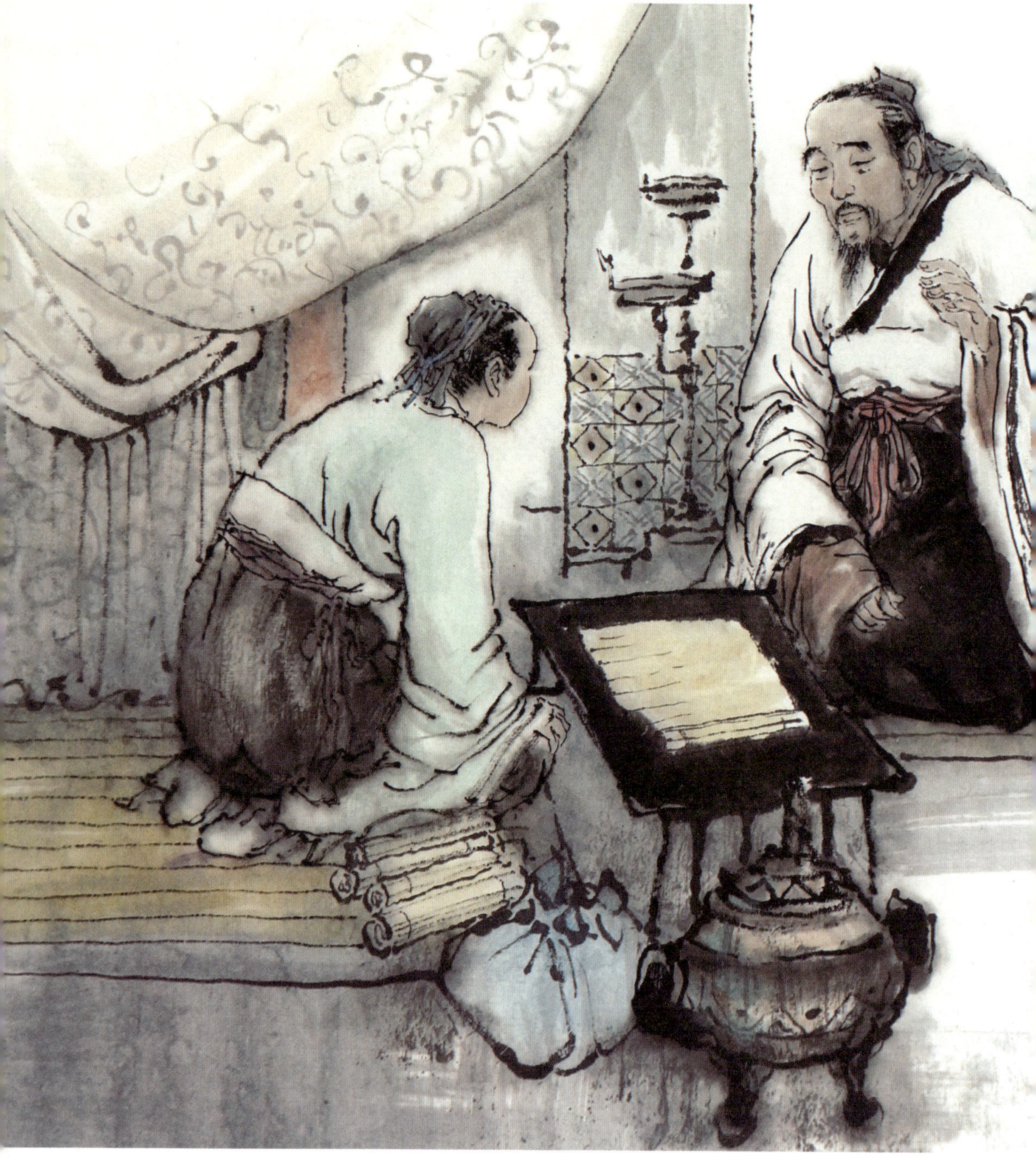

十五六岁时，
孟轲拜孔子的嫡孙子思的门人为师，
学习儒家思想、孔子言论。
吟诵着圣人之言，
再对照当时的社会状况，
孟轲更觉得各国诸侯急功近利，
对内聚敛财富，
对外互相侵伐，
以致生灵涂炭。
苏秦、张仪之徒为诸侯出谋划策，
助长了祸乱。
当世之人没有值得仿效的，
只有孔子提倡的才是正道。

孟子曰："君子之泽五世而斩，小人之泽五世而斩。予未得为孔子徒也，予私淑诸人也。"　《孟子·离娄下》

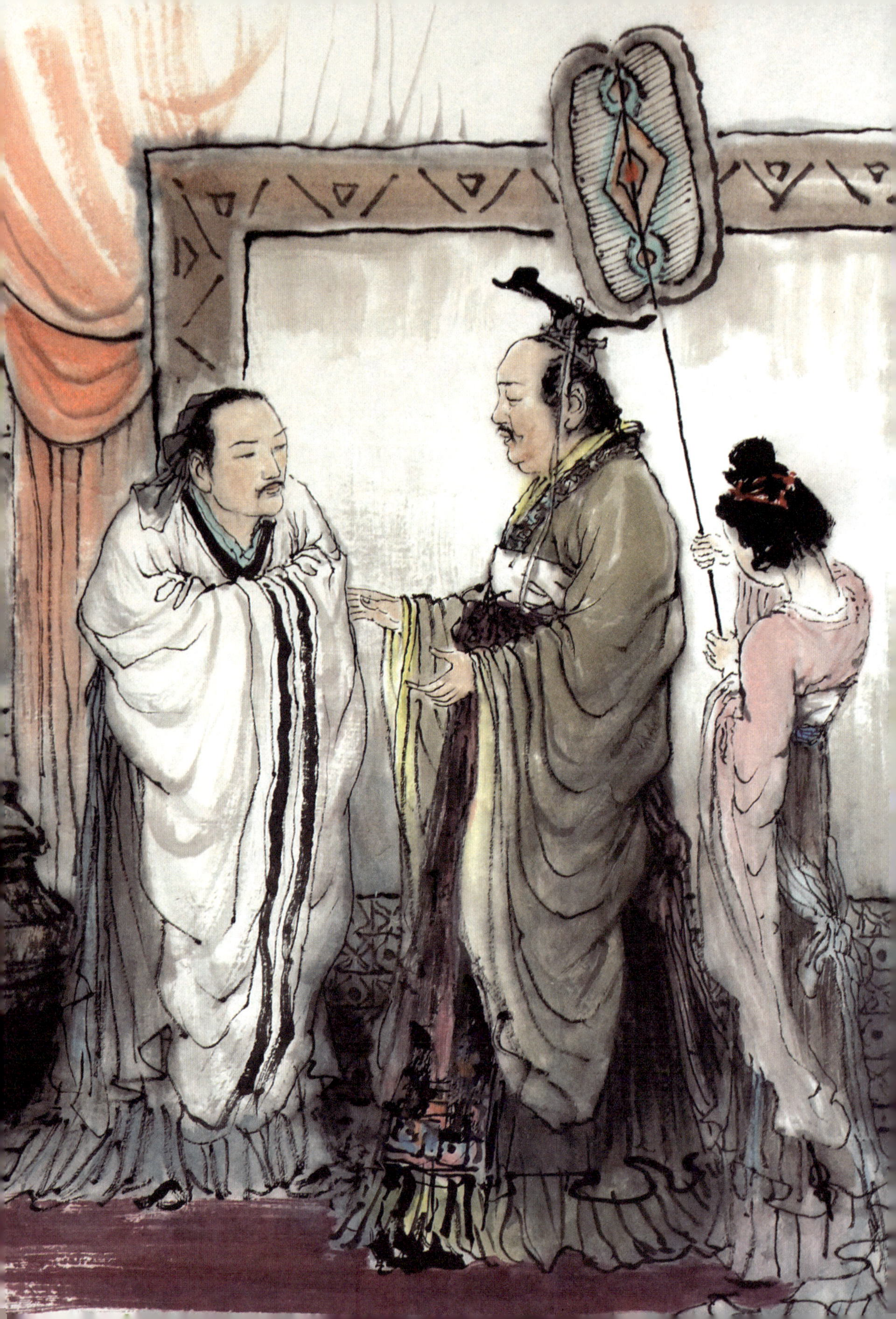

三十而立，寒窗苦读十几载的孟轲终有所成。

为了弘扬圣人学说，

他开始授徒讲学，

在教学相长的过程中形成了自己的思想体系和政治主张。

他要改变这个衰乱之世，

开启一个仁义社会、太平盛世。

孟子的弟子越来越多，影响也越来越大。

邹穆公听说后，征召孟子问询治国之道。

于是，孟子去拜访穆公，向穆公陈述自己的政治主张。

此时，他已经四十岁了。

孟子曰："君子有三乐，而王天下不与存焉。父母俱存，兄弟无故，一乐也；仰不愧于天，俯不怍于人，二乐也；得天下英才而教育之，三乐也。"　《孟子·尽心上》

邹国与鲁国发生冲突,
邹国官员为守城牺牲,
百姓却没去帮忙营救,
眼睁睁地看着他们死去。
邹穆公非常生气,
问孟子该如何处罚百姓。
孟子劝慰说:
"灾荒之年,
国君府库充盈,粮食满仓,
百姓却四处逃命,饿死荒野,
而官员却不把这些告诉您。
遇到战争,
百姓怎么会去救他们呢?
只有平时对百姓仁爱,
他们才会亲近官员,
愿为官员牺牲。"

孟子曰:"民为贵,社稷次之,君为轻。是故得乎丘民而为天子,得乎天子为诸侯,得乎诸侯为大夫。" 《孟子·尽心下》

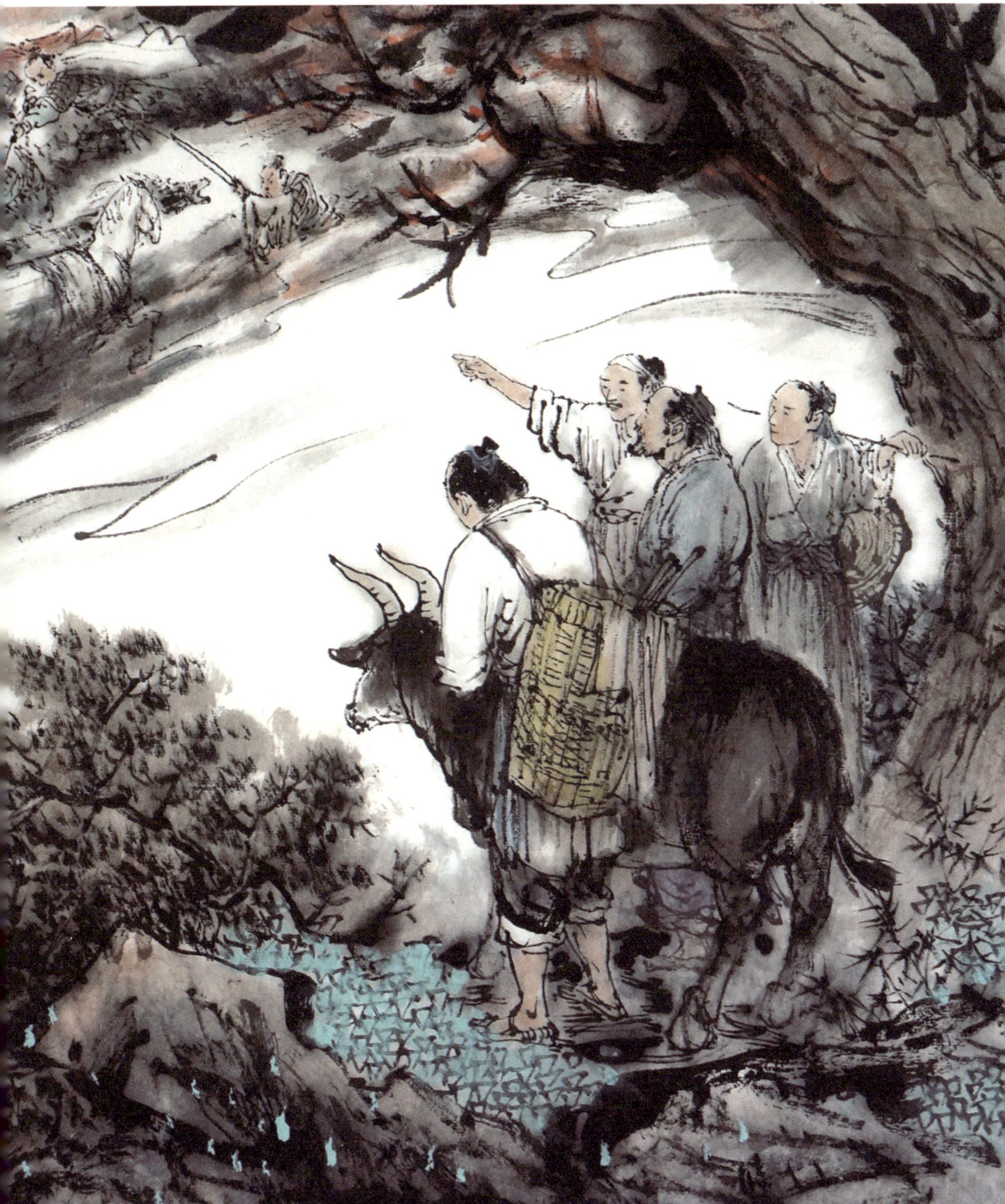

孟子在邹期间，
仕途没有大进展。
父亲因病去世时，
经济拮据的他买了最普通的棺木，
依士大夫礼制，
用三个鼎供奉了牛、鱼、腊肉，
安葬了父亲。
为父守丧三年后，
见自己的主张仍得不到重视，
四十多岁的孟子怀揣"仁政"治国的抱负，
率弟子离开父母之乡，
远游他国，
开始了长达二十多年的游历生涯。
早在齐桓公时期，
齐国国都临淄就设有稷下学宫，
邀请各派学者前来著书立说、议论政治。
齐威王时，稷下学宫更为兴盛。
于是，
孟子把齐国作为自己游历的第一站。

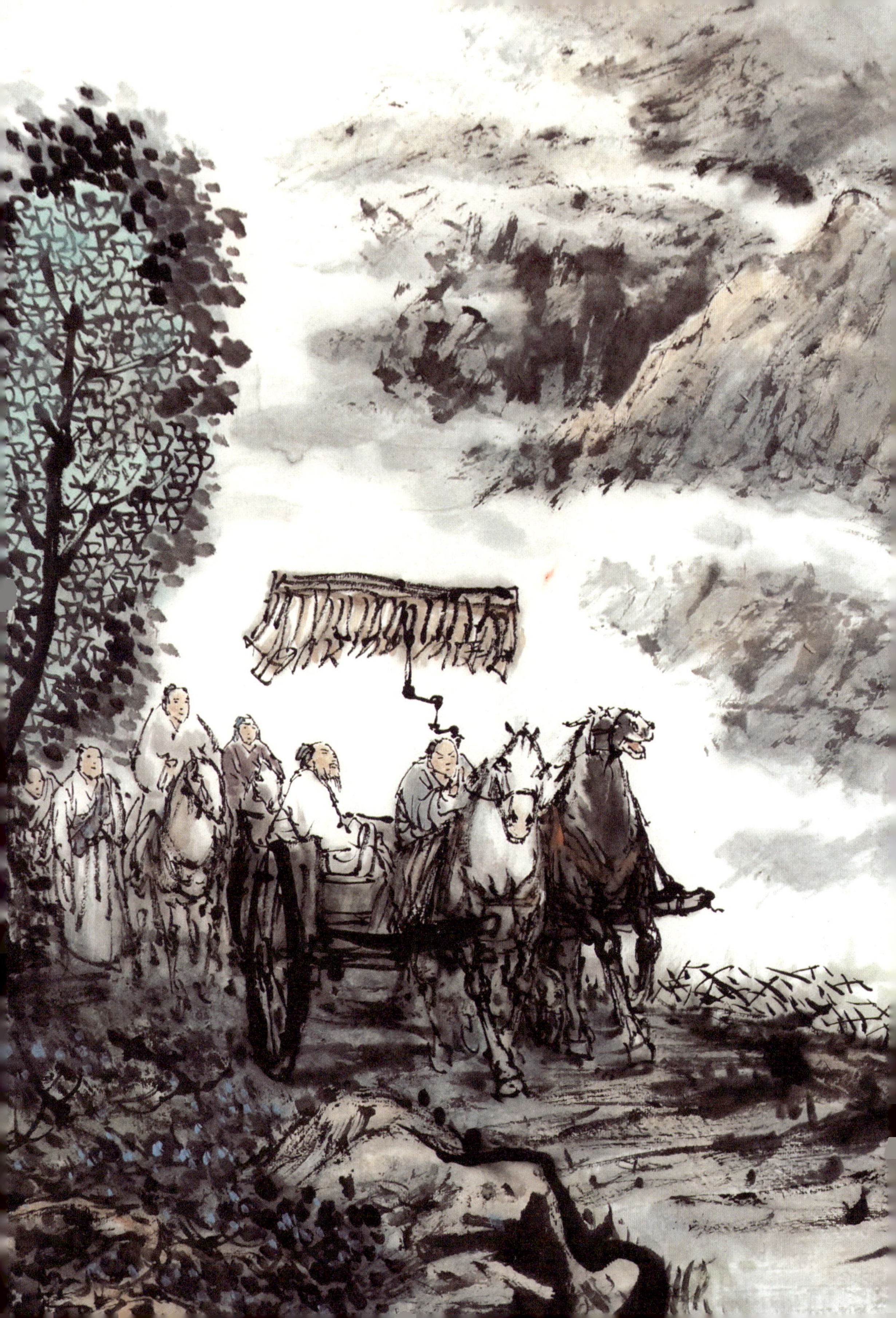

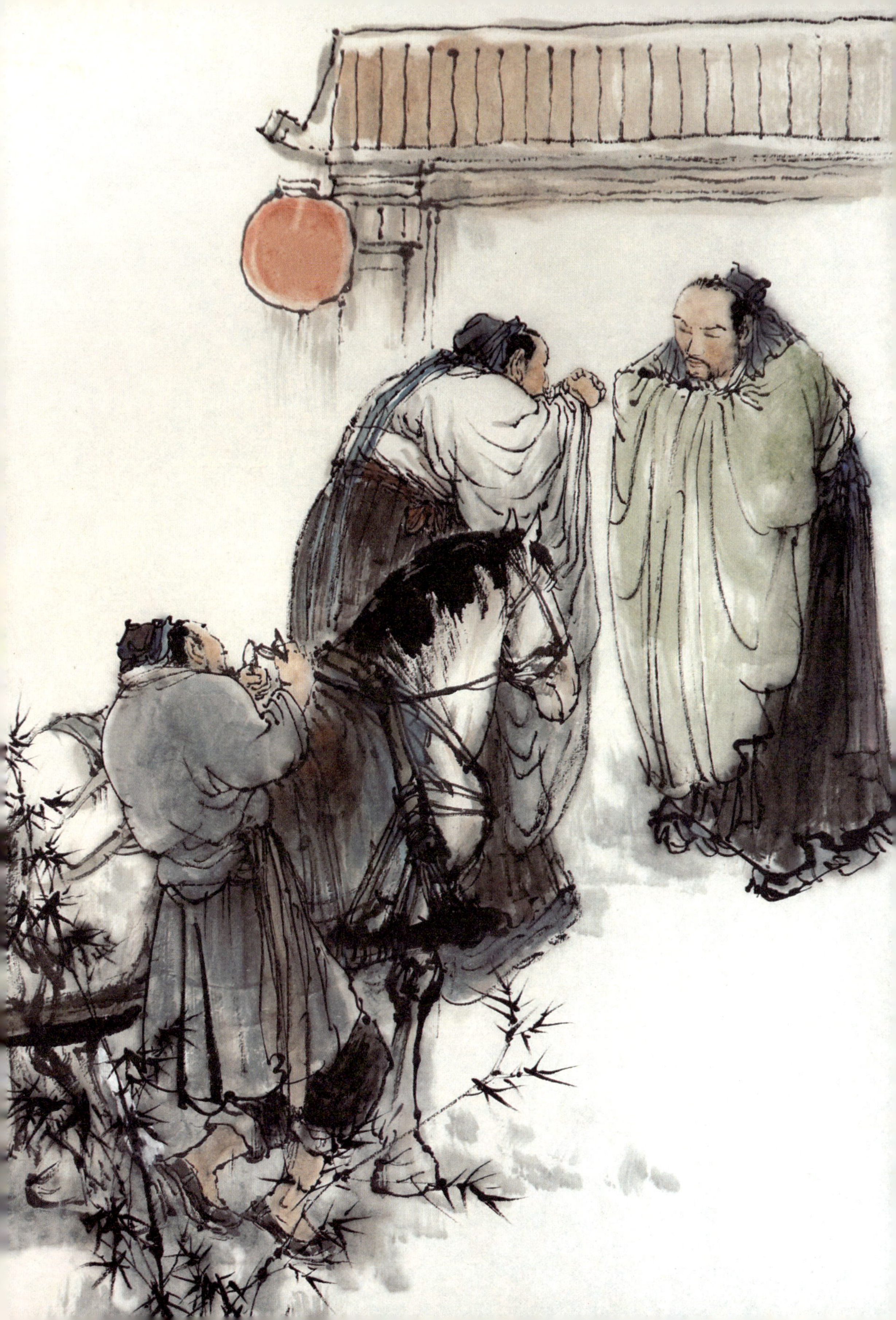

在齐国，

孟子结识了一个"特别"的朋友——匡章。

匡章的母亲因得罪丈夫，

被丈夫杀死埋在马栈之下。

匡章多次劝说父亲改葬母亲，

父亲都不听，

两人因此分开居住。

齐国人都认为匡章不孝，

孟子却知道匡章为母亲尽了心。

后来，

匡章赶走妻儿，

不让他们照顾自己，

因为匡章觉得父亲失去了天伦之乐，

自己如果享受这种快乐就是不道德的。

因此，

孟子十分敬重他，常与他讨论问题。

匡父至死未原谅匡母，

匡章尊重父亲，

因此一直不敢违背父意改葬母亲。

直到后来，

他作为将军带兵拒秦，

大胜而返，

齐威王才为他改葬了母亲。

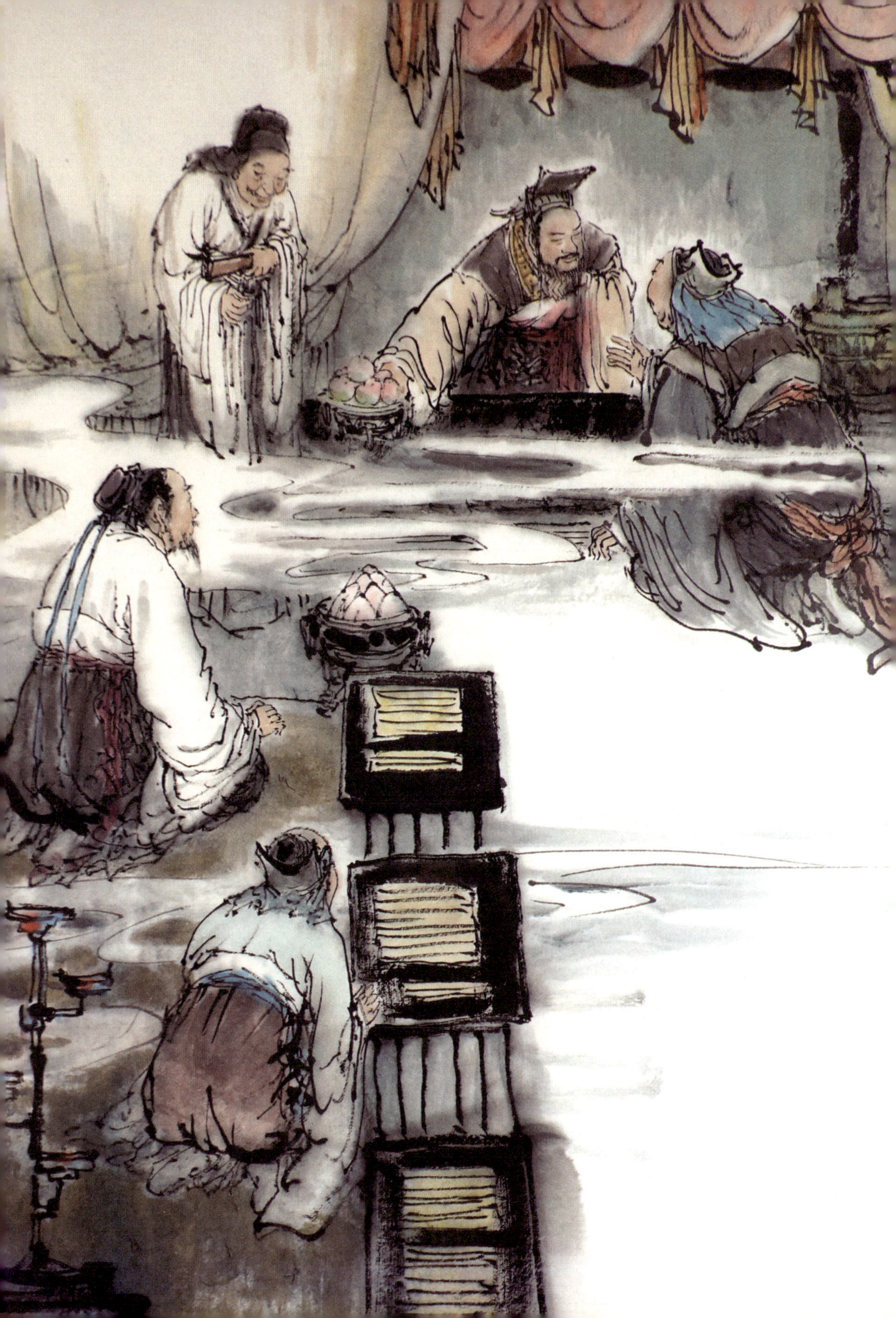

孟子到齐国后的很长一段时间里,
都没有得到齐威王的重用,
后来虽被拜为卿大夫,
他的"仁政"主张却难容于齐国现行的法家政策之中,
他常常为此感到忧虑。

君不乡道,不志于仁,而求富之,是富桀也。
《孟子·告子下》

一日，孟子闲居在家，
思索着自己的境遇，
心中感慨，抚楹长叹。
母亲闻声询问。
孟子道：
"君子要从心所愿接受职位，
不接受不正当的赏赐，
不贪慕虚荣之禄，
主张不被采纳就不进谏，
采纳了不推行就不踏足朝廷。
现在我的主张不被齐国国君采用，
想要离开齐国到别国去，
但又念及母亲年迈，
故而叹息。"
孟母告诉孟子：
"妇人之德在于料理家务，
有三从之道：
在家从父亲，
出嫁从丈夫，
夫死则从子。
你已成人，
只管按自己的意愿行事，
我虽然年老，自会遵从。"
但顾及母亲身体，
孟子并未轻易远行。

在彼者，皆我所不为也，在我者，皆古之制也，吾何畏彼哉？ 《孟子·尽心下》

第二年，孟母离世。
孟子想到母亲对自己的养育与教诲，
悲痛不已，
亲自为母亲料理丧事。
他为母亲缝制了精美的衣衾，
用上好木料制作了棺椁，
把母亲送回鲁国归葬祖坟。
按照卿大夫的礼制，
孟子用五个鼎供奉了羊、猪、切肉、鱼和腊肉，
并守孝三年。

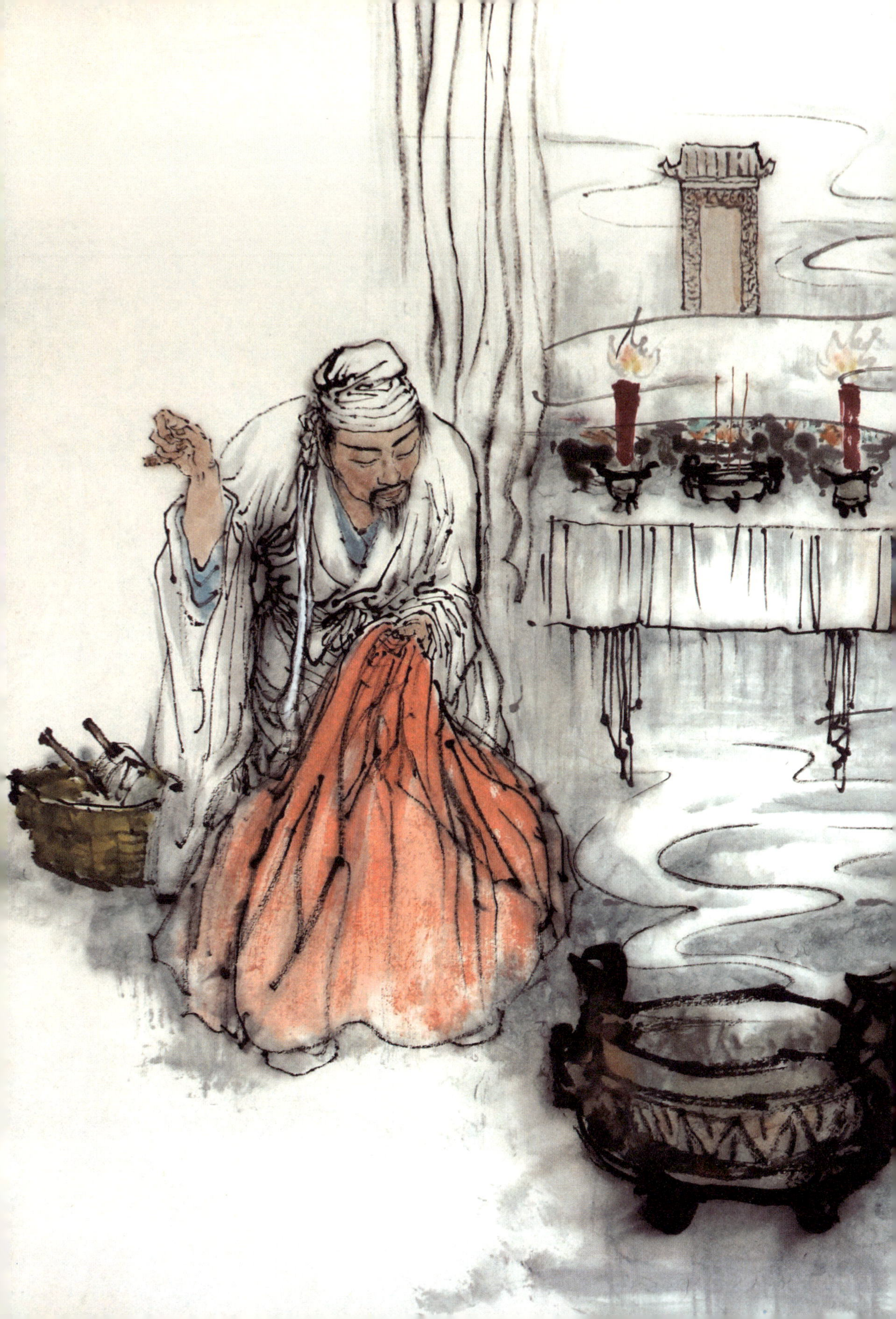

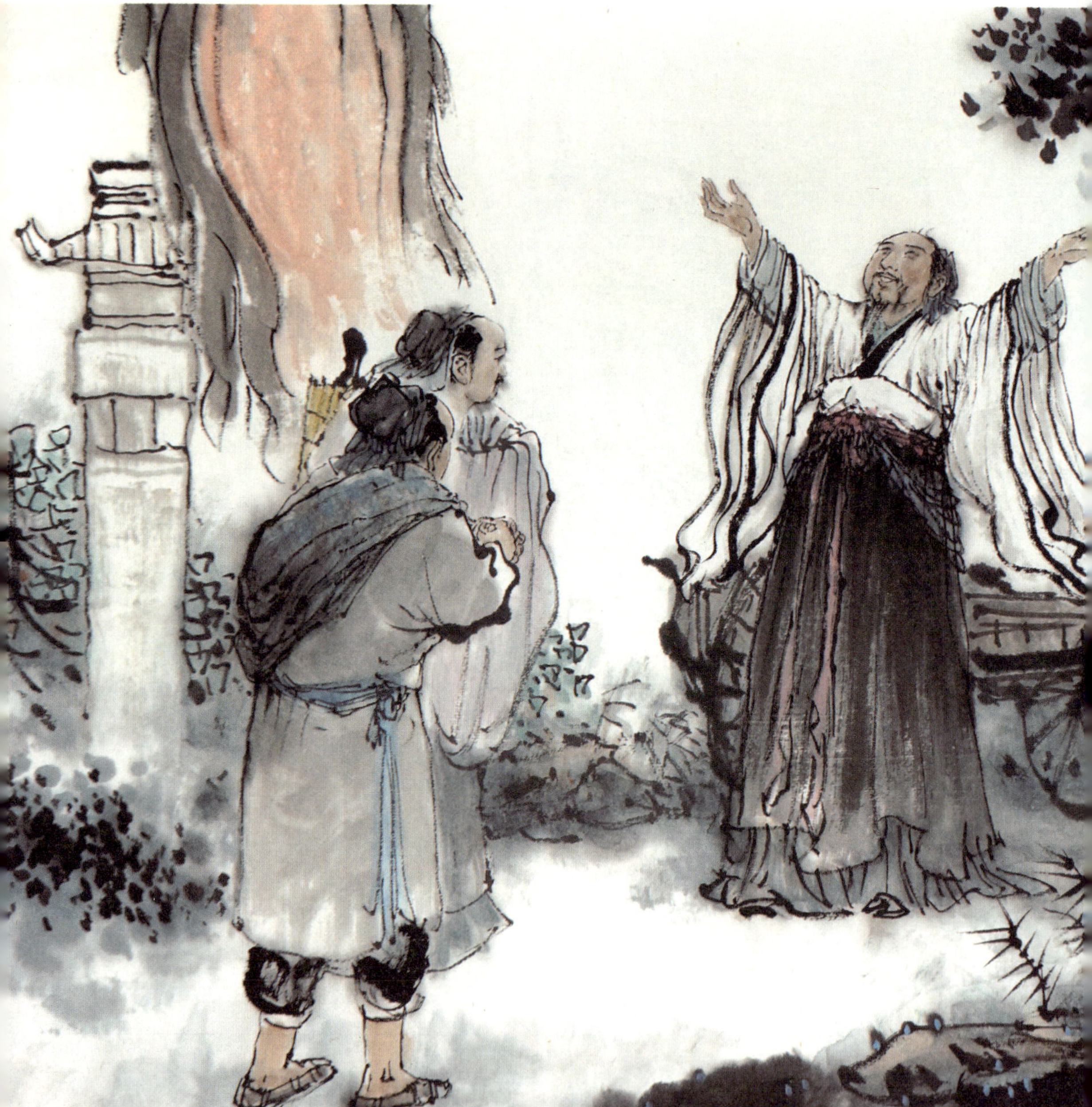

算起来，
孟子到齐国已有六七年的时间，
对齐威王已没有了期待。
母亲离世后，
再无牵挂的孟子选择了离开，
到他国追寻梦想。
时值宋国为宋王偃当政，欲实施仁政，
孟子便决定去宋国。
万章问孟子：
"宋这样的小国想实行仁政，
齐、楚两个大国若因此而讨厌它，
出兵攻击，
该怎么办呢？"
孟子却自信满满，笑答：
"宋国虽小，只要国君能真正实行仁政，
天下人就会翘首期盼并拥戴他做君王，
齐、楚纵然强大，又有什么好怕的呢？"

苟行王政，四海之内皆举首而望之，欲以为君，齐、楚虽大，何畏焉？ 《孟子·滕文公下》

28

中华名人故事图画书

但是，
到宋国后不久，
孟子就发现，
宋王身边贤人太少。
有德之人刚刚离开，
小人们就都围了上来，
宋王身处其间，
又能和谁一起做"好事"呢？
要在这里推行仁政，
就像楚大夫想让儿子学好齐国话，
却天天被身边的楚国人影响一样，
太难了。
无奈之下，
孟子只得向宋王请辞，
宋王赠送他70镒金作为路费。
路过薛国时，
薛国国君又馈赠孟子50镒金，
让他购买防身兵器。
一路辗转，
年逾五旬的孟子回到了阔别已久的家乡。

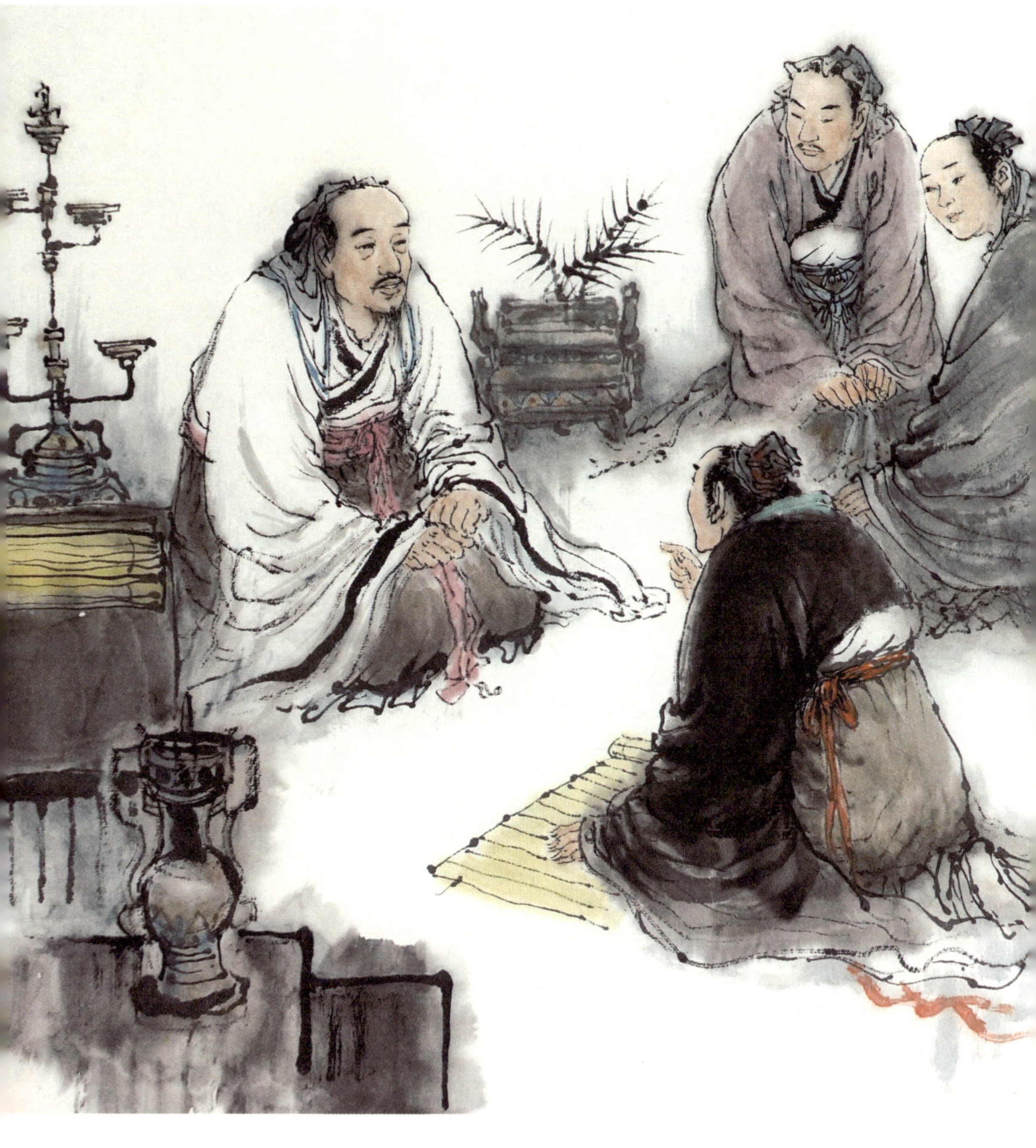

十多年过去了,
回到家乡的孟子
望着双亲已然不在的家,
想着自己仍未实现的理想,
不免黯然。
好在此时他已桃李满天下,
自有弟子追随左右。
还有那些只随孟子学习了一段时间
便离开、散于各国的弟子,
也时常回来向他请教。

　　孟子弟子众多,有乐正克、公孙丑、万章、公都子、陈臻、充虞、咸丘蒙、陈代、彭更、屋庐连、桃应、涂辟、孟仲子等。

一个任国人问屋庐连：
"礼和食哪个重要？"
屋庐连答：
"礼重要。"
那人又问：
"如果按礼节去找吃的，就会饿死；
不按礼节去找就会得到，
还依礼行事吗？"
屋庐连茫然不知如何作答。
第二天，
他专程赶赴邹国向老师请教。
孟子教导他说：
"如不去衡量基础的高度，
就直接拿双方的末端来比的话，
一寸长的木块也能比尖顶高楼更高。
金子比羽毛重，
但三钱多的金子跟整车的羽毛哪个重？
很多状况是没有标准答案的，
人必须学会分辨本末轻重。"

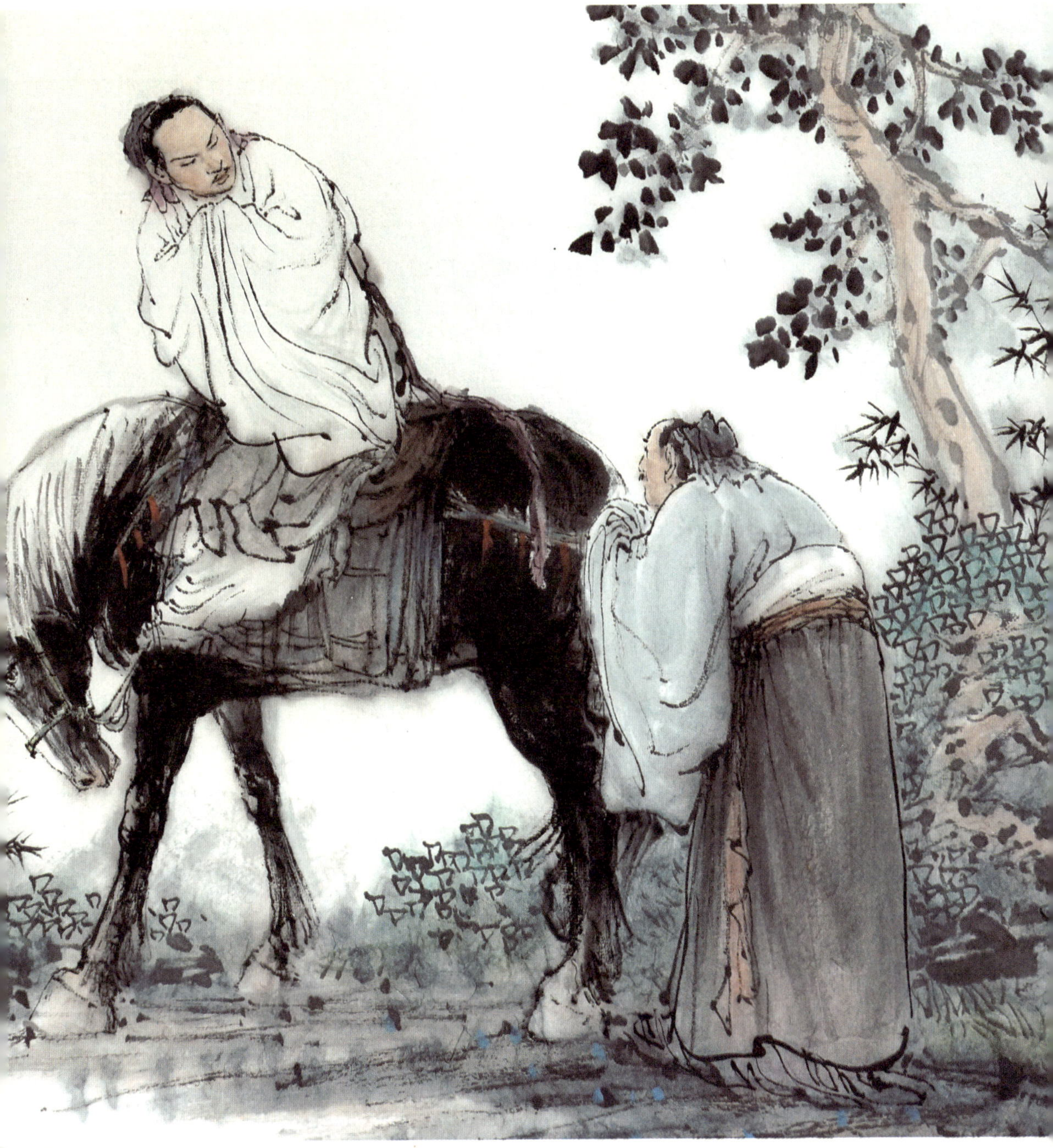

乐正克因善良、真诚而深受孟子喜爱。
听说鲁平公有意让他治理国政，
孟子高兴得睡不着觉。
公孙丑问：
"乐正克刚强吗？
有谋略吗？见多识广吗？"
孟子说：
"都不是，他只是喜欢听取善言。"
公孙丑又问：
"这样就够了吗？"
孟子道：
"当然。如果乐于听取善言，
天下之人都会不远千里赶来把善言告诉他，
他就会不断成长。
集天下之善，治国又有何难？"

孟子曰：
「人皆有不忍人之心。
先王有不忍人之心，
斯有不忍人之政矣。
以不忍人之心，
行不忍人之政，
治天下可運之掌上。」
《孟子·公孫丑上》

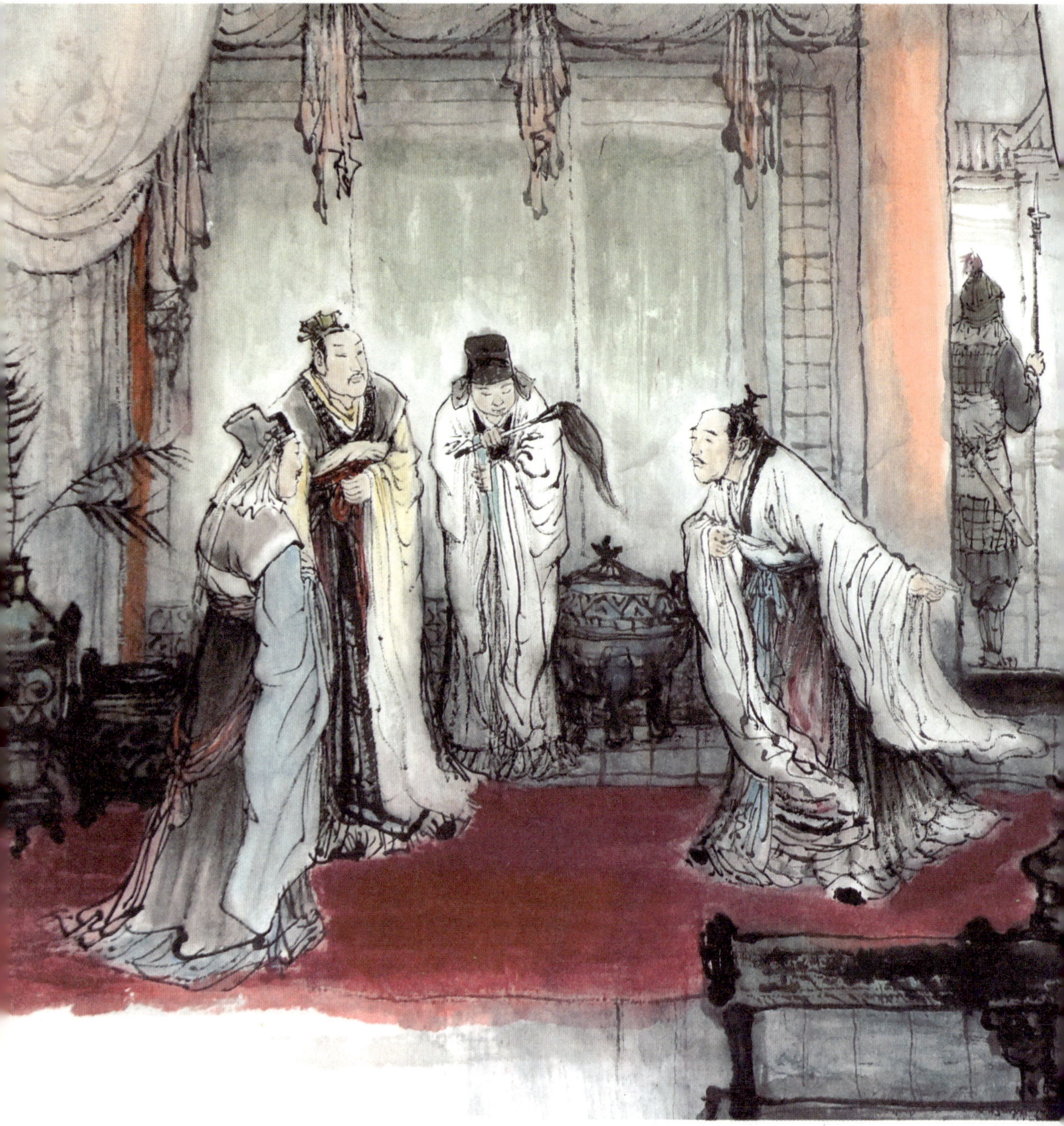

乐正克执政后,
向鲁平公推荐了自己的老师。
这天,
鲁平公正要出门,
宠臣臧仓迎了上来:
"往常您外出都先把地点告诉有司,
今天车马都备好了,
有司却不知道您要去哪里,
特来请示。"
鲁平公答:
"去拜访孟子。"
臧仓阻止道:
"您怎么能屈尊,
去拜访一个普通人呢?
孟子是贤德之人吗?
他为母亲办的丧礼,
规模远远超过父亲的葬礼,
这是贤者所为吗?
国君千万不要去见他。"
鲁平公听信了臧仓的话,
不再去拜见孟子。

乐正克谒见鲁平公,
问他为什么没去见孟子。
鲁平公把臧仓的话告诉了他。
乐正克解释道:
"孟子之前为士,
以三鼎拜祭父亲;
后为卿大夫,
改用五鼎拜祭母亲,
没有错呀。"
鲁平公说:
"我说的是棺椁衣物的华美。"
乐正克又答:
"这只是前后贫富不同的缘故。"
之后,
乐正克把鲁平公要来拜访却被阻止的事告诉了孟子。
孟子听后感慨:
"来与不来,岂是人力所能左右。
是上天不让我与鲁侯相遇啊,
不是小小宠臣所能阻止的啊!"

孟子曰:"欲贵者,人之同心也。人人有贵于己者,弗思耳。人之所贵者,非良贵也。赵孟之所贵,赵孟能贱之。" 《孟子·告子上》

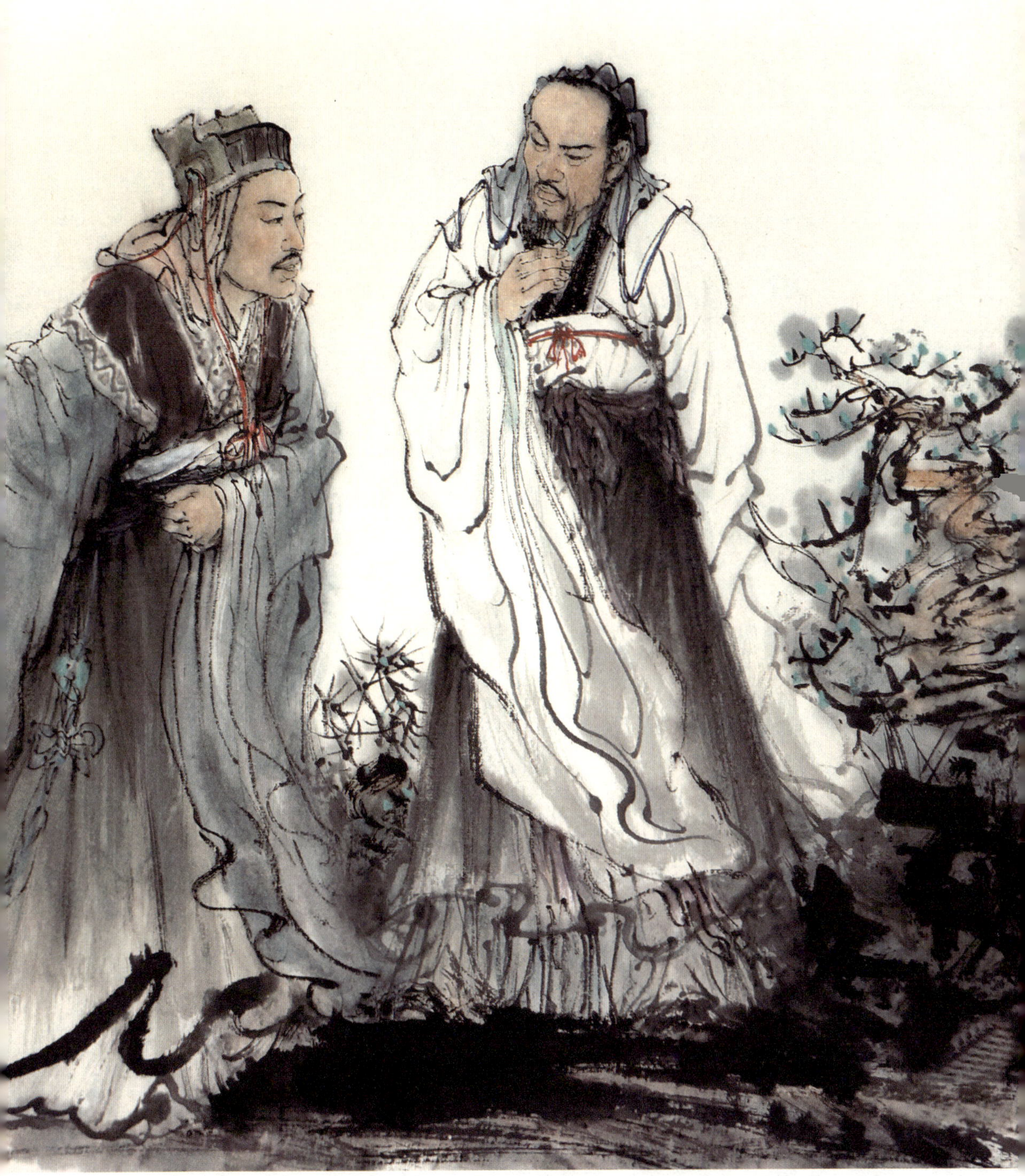

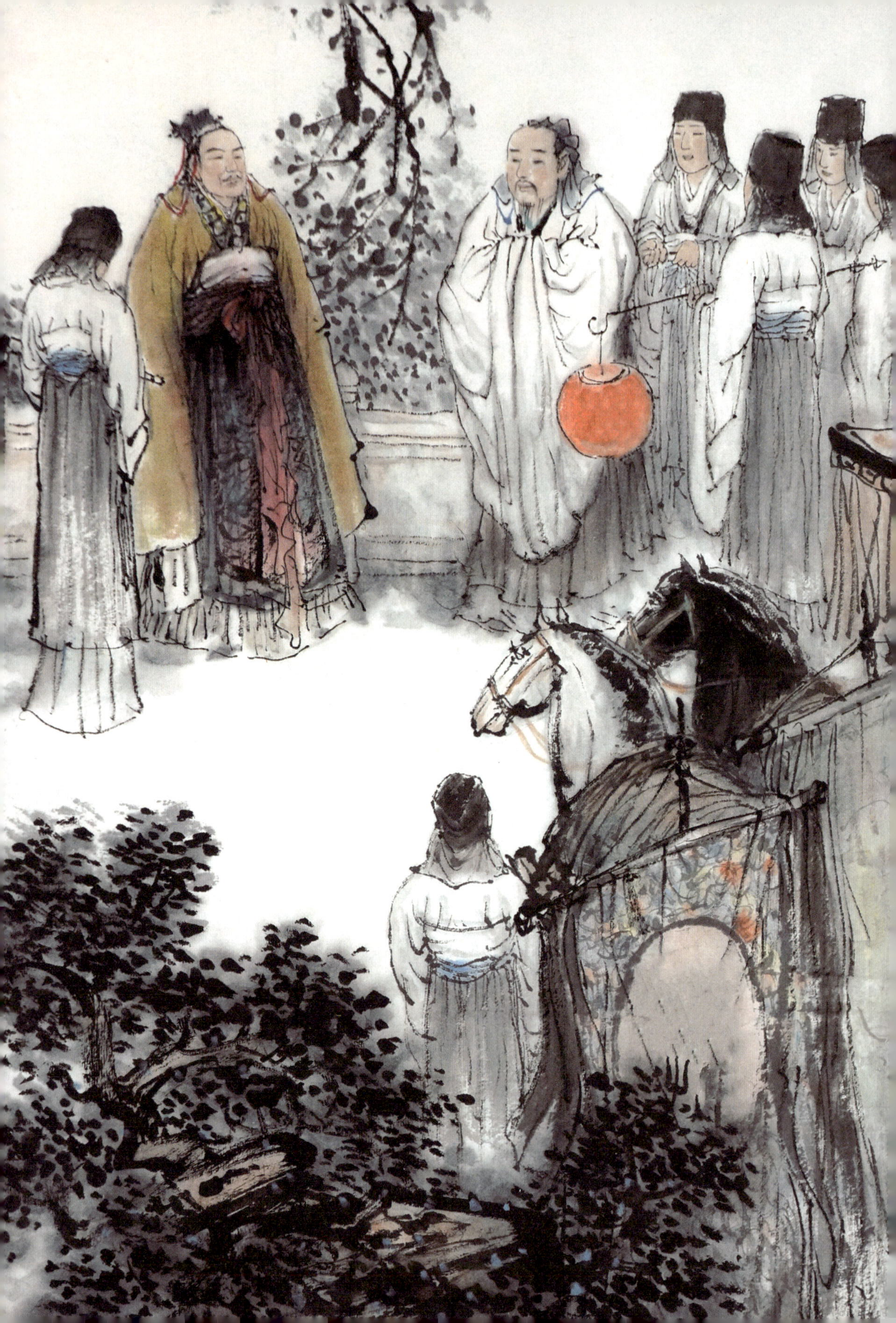

滕文公还是太子的时候，
曾慕名拜访了孟子两次，
听他讲尧舜之事及人性本善的道理。
孟子回到邹国后，
滕文公派然友两次询问父亲葬礼的礼仪。
因此，
孟子认为滕文公非常懂礼。
滕文公即位后，
便聘请孟子到滕国来，
给他安排上等的馆舍，
出门常有几十辆车、好几百人跟随。

曾子曰："生，事之以礼；死，葬之以礼，祭之以礼，可谓孝矣。" 《孟子·滕文公上》

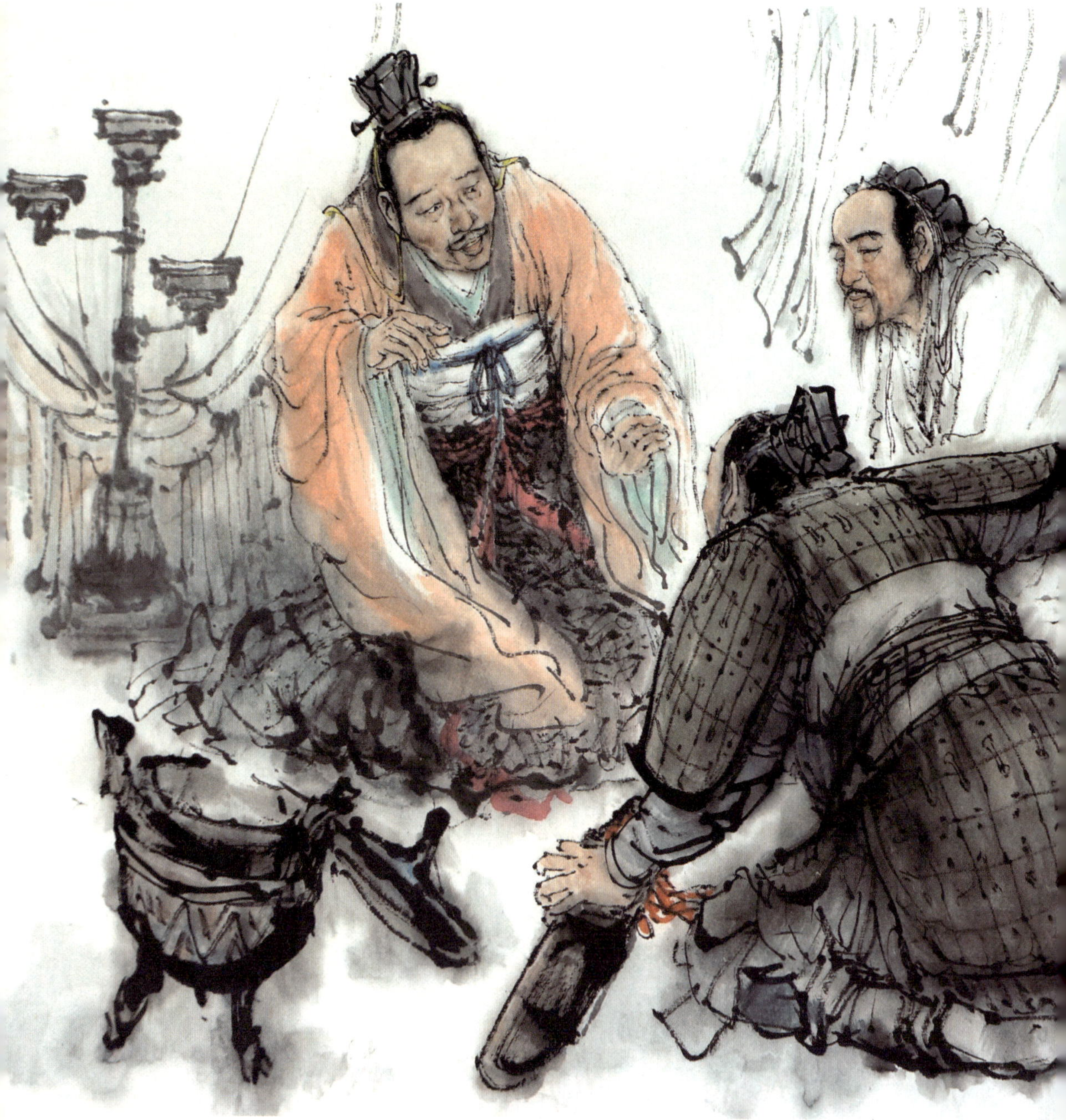

滕文公很乐意听取孟子的意见,
向他请教如何治国。
孟子建议:
"实行井田制,给百姓固定的产业,让他们安心;
征收税赋不宜太繁重,百姓自会富足;
兴办学校,传授伦理道德,
百姓就会互相关爱、拥戴国君;
让百姓服役,
应错开农忙时节,不影响生产,
国家自然稳定富强。"
但滕国是个方圆只有五十里的小国,
日日担心的就是外敌入侵,
只能在大国的夹缝中求生存,
以免遭灭国之祸。
邻国薛国被灭,
齐国派兵来加固城池,
滕文公闻之,如临大敌。
因此,孟子所言是不符合当时的社会形势的。

民之为道也,有恒产者有恒心,无恒产者无恒心。
《孟子·滕文公上》

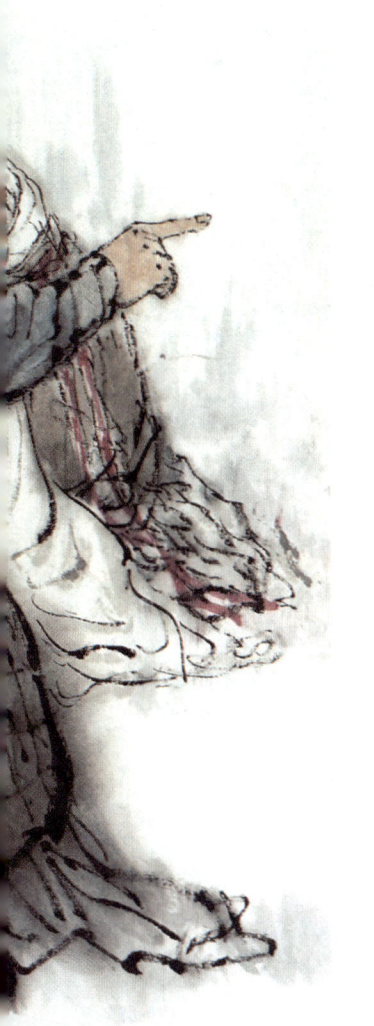

虽然孟子的治国方案未能在滕国得到推行,
但他的影响与名望却显著提高,
一些学者常来与他探讨、辩论。
墨者夷之求见孟子,孟子托病不见。
夷之再次拜访,孟子道:
"墨家主张薄葬,夷之却厚葬自己的父母,
这是用自己鄙薄的方式对待父母啊!"
夷之辩道:
"古代君王爱护百姓如爱护婴儿,就指人对人的爱并无亲疏厚薄之别。"

孟子道：

"夷之把恻隐之心当作爱无差等。

但人的根源只有一个，就是自己的父母。"

夷子听后怅然，自言："受教了。"

墨家，战国诸子百家之一，由墨翟创立，主张"兼爱""尚贤""节葬""非攻""天志""明鬼"等，在当时影响很大。

孟子曰：
"尽信《书》，则不如无《书》。
吾于《武成》，取二三策而已矣。
仁人无敌于天下，
以至仁伐至不仁，
而何其血之流杵也？"
《孟子·尽心下》

农家的许行率弟子数十人自楚国来到滕国，
他们身穿粗麻衣服，以编草鞋、织席子为生。
儒家陈良的门徒陈相和他的弟弟也背着农具从宋国来到滕国。
陈相见到许行后非常高兴，
尽弃之前所学，改向许行学习。

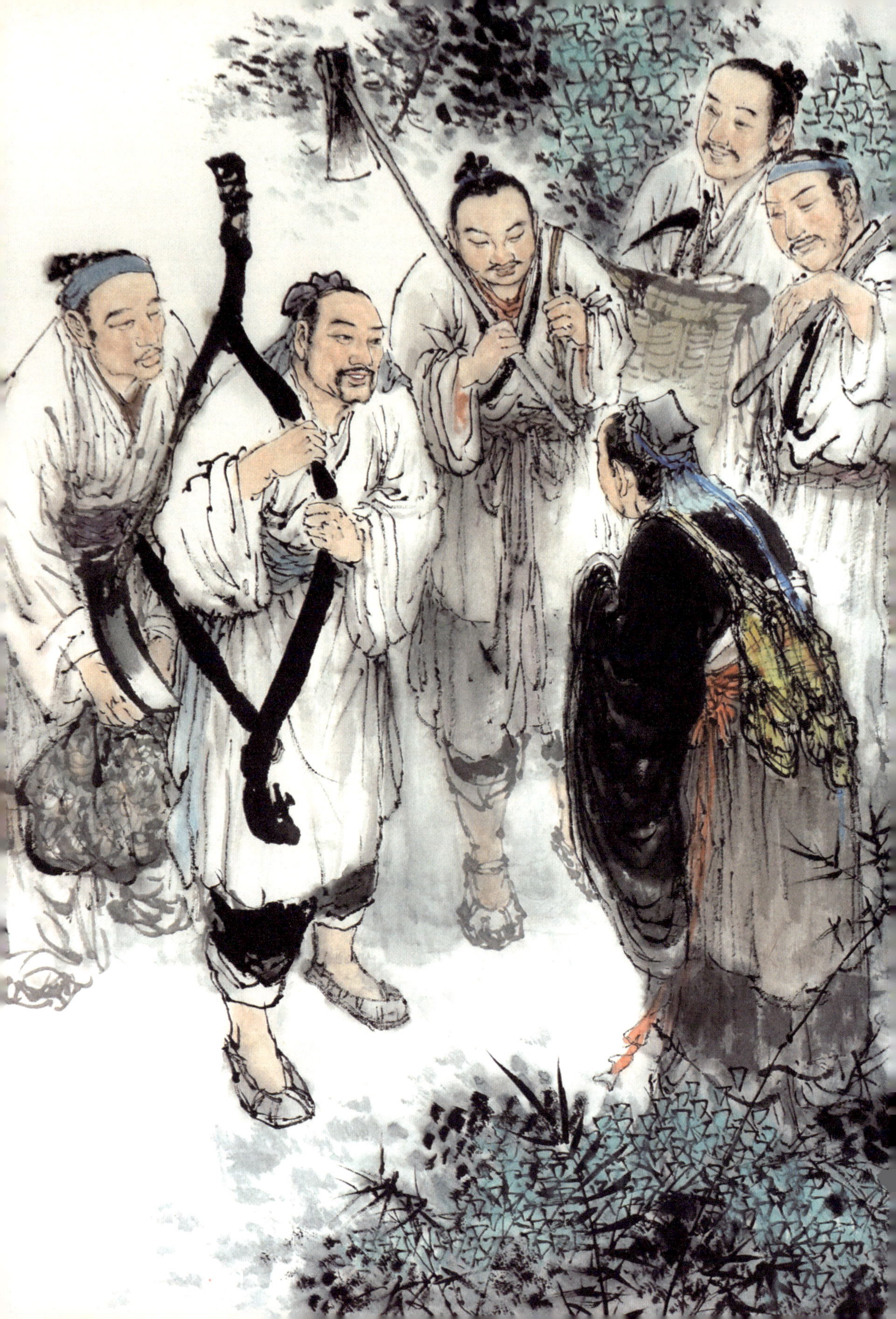

后来，陈相来见孟子，
转述许行的话：
"滕国国君不与百姓一起耕种养活自己，
还要让百姓供养，怎么算得上贤明呢？"
孟子反问：
"许行的帽子是自己织的吗？
烧饭的锅、耕田的铁器都是自己制作的吗？"
陈相说：
"不是。"
孟子讲道：
"社会一定要有分工，有人劳心，有人劳力。
如果一定要亲自制作然后使用，
天下人都将疲于奔命。
市场上的商品有普通的，也有精美的。
如果粗糙的鞋子和精致的鞋子一样的价钱，
谁还会做精致的鞋子，
社会还会有进步吗？"

公都子曰："外人皆称夫子好辩，敢问何也？"
孟子曰："予岂好辩哉？予不得已也。"
《孟子·滕文公下》

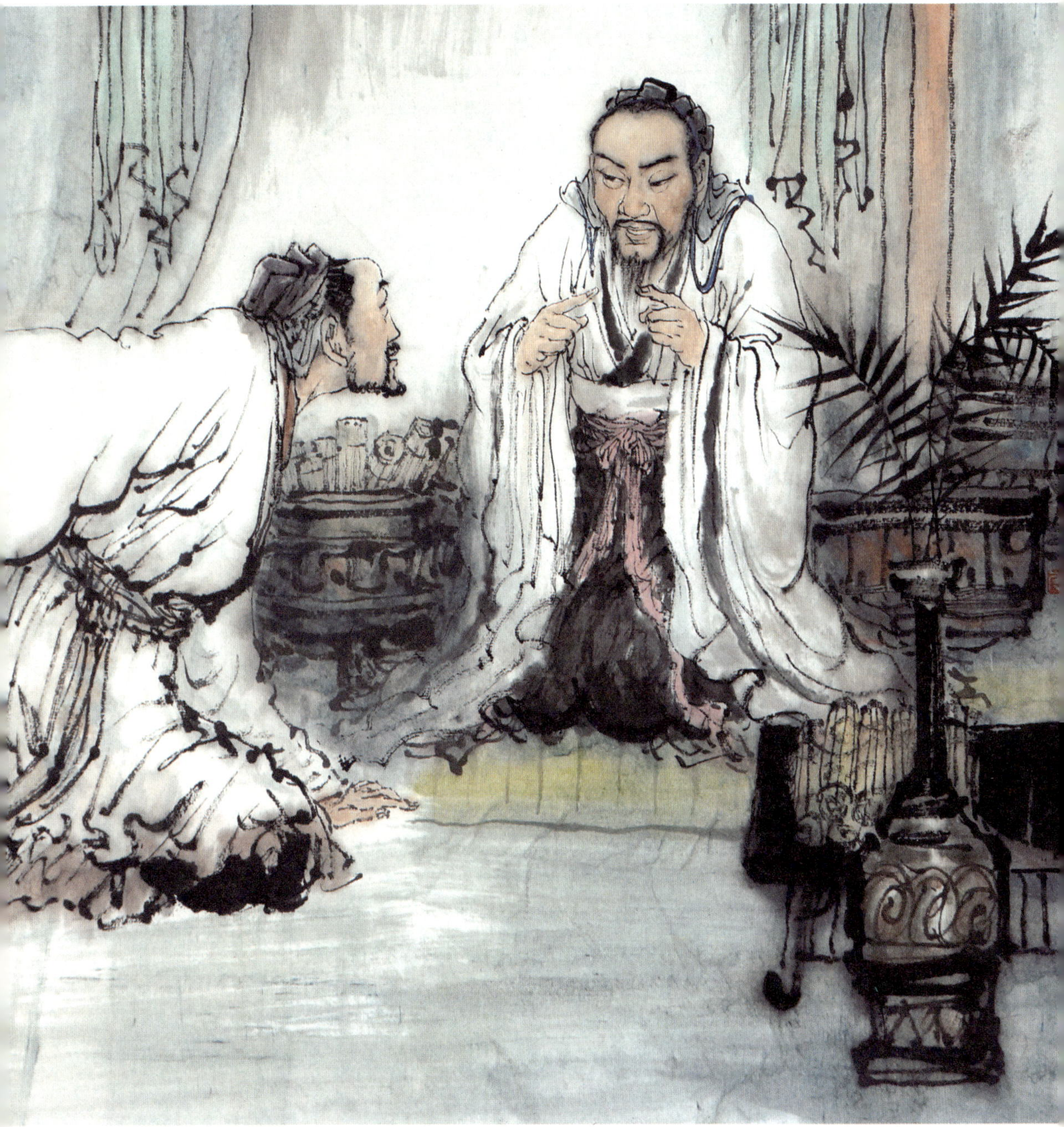

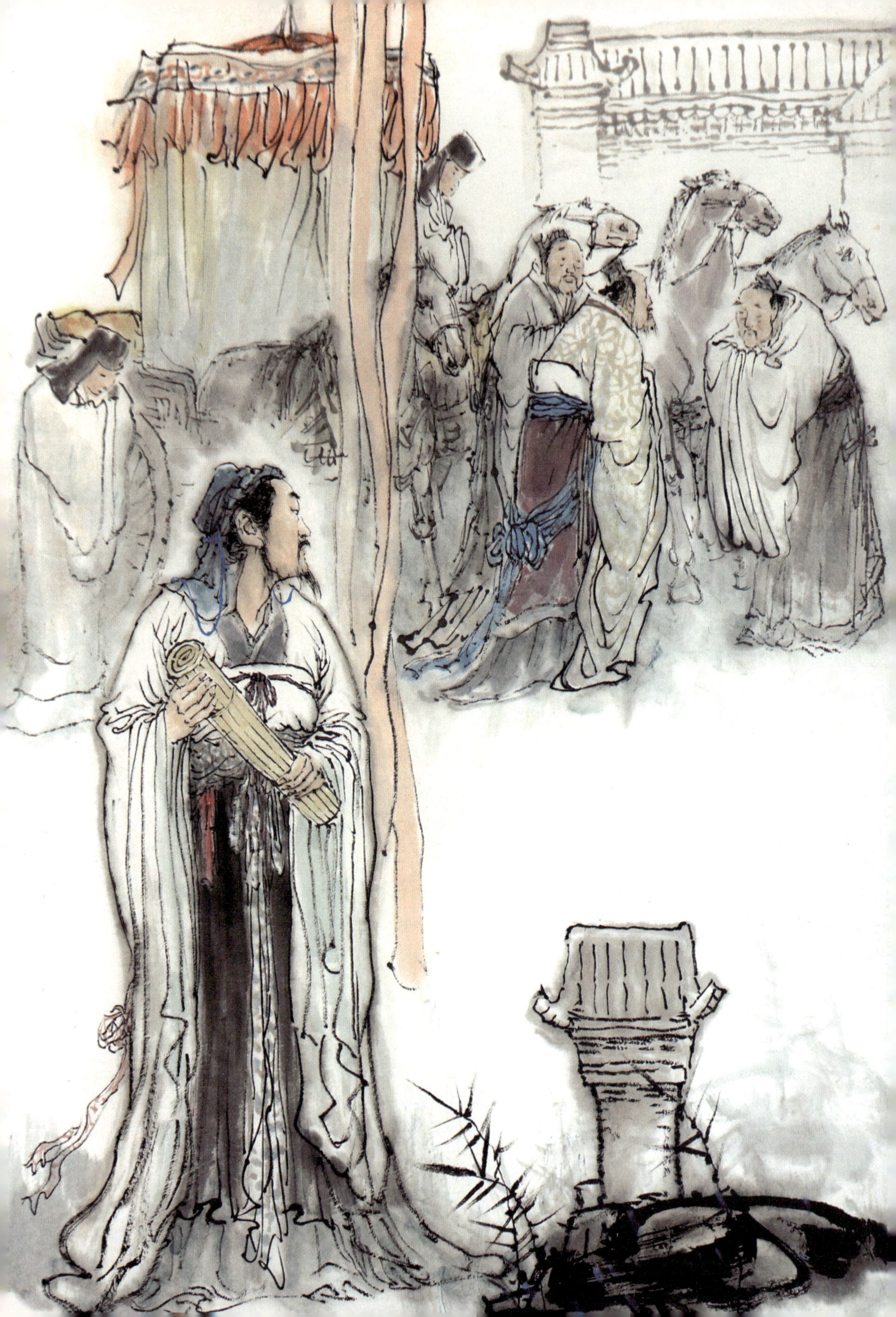

梁国是战国时期的大国之一，
为扩张疆土，长期与齐、秦、楚等国打仗。
战争中，
梁惠王不但丢失了城池，还失去了长子。
晚年的梁惠王为了改善国家状况，
用谦卑的礼仪、丰厚的待遇寻求贤能之人。
阴阳家邹衍是稷下名流，这时来到了梁国，
梁惠王亲自到郊外迎接，
以贵宾之礼待他。
孟子于邹衍之后到达，
却未受到如此待遇。

九流：儒家、道家、阴阳家、法家、名家、墨家、纵横家、杂家、农家。

梁惠王初见孟子，问：
"老先生，
您不远千里而来，
能给梁国带来什么利益呢？"
秉承孔子思想的孟子答道：
"您为什么一开口就说利益呢？
只讲仁义就好了。
关注利益的人不会满足。
如果全国上下互相争夺利益，
国家就会陷入危险之中，
士大夫不夺取国君的产业不会罢休。
只有讲仁德、重义行的人
才不会丢弃父母、轻慢君王。"

孟子曰："不仁而得国者有之矣，不仁而得天下者未之有也。"《孟子·尽心下》

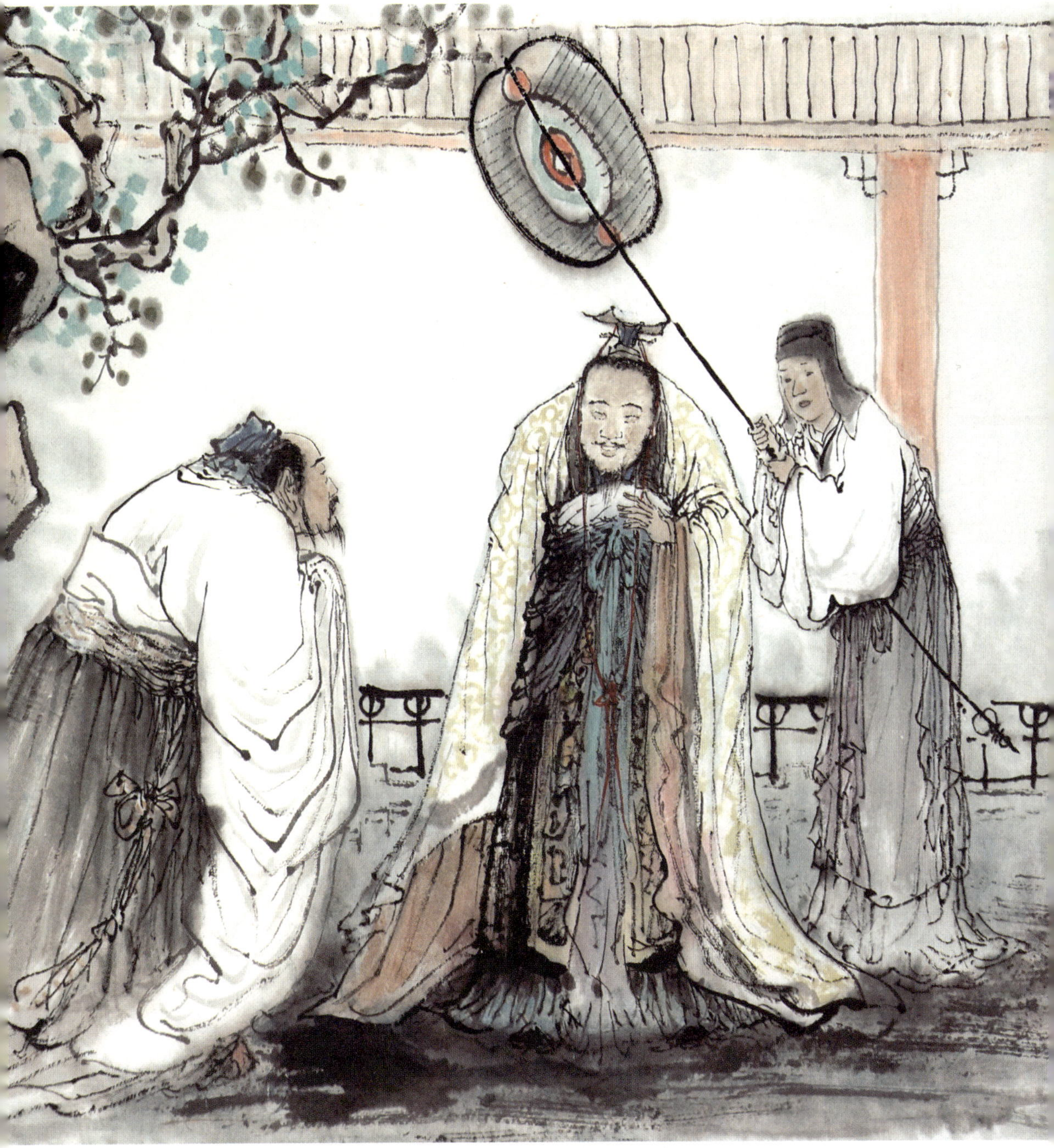

乐民之乐者，民亦乐其乐；忧民之忧者，民亦忧其忧。乐以天下，忧以天下，然而不王者，未之有也。

《孟子·梁惠王下》

孟子去拜见梁惠王。

梁惠王正立于池边，欣赏园中景致：

鸿雁翱翔于林上，麋鹿觅食在水边，一切是那么的宁静祥和。

看到孟子，梁惠王问：

"古代贤者也享受这种快乐吗？"

孟子答道：

"周文王修筑灵台、灵沼，百姓欢心，鸢飞鱼跃；

夏桀纵有高台深池，百姓却恨不得与他同归于尽。

只有有德之人才能享受这种快乐啊！"

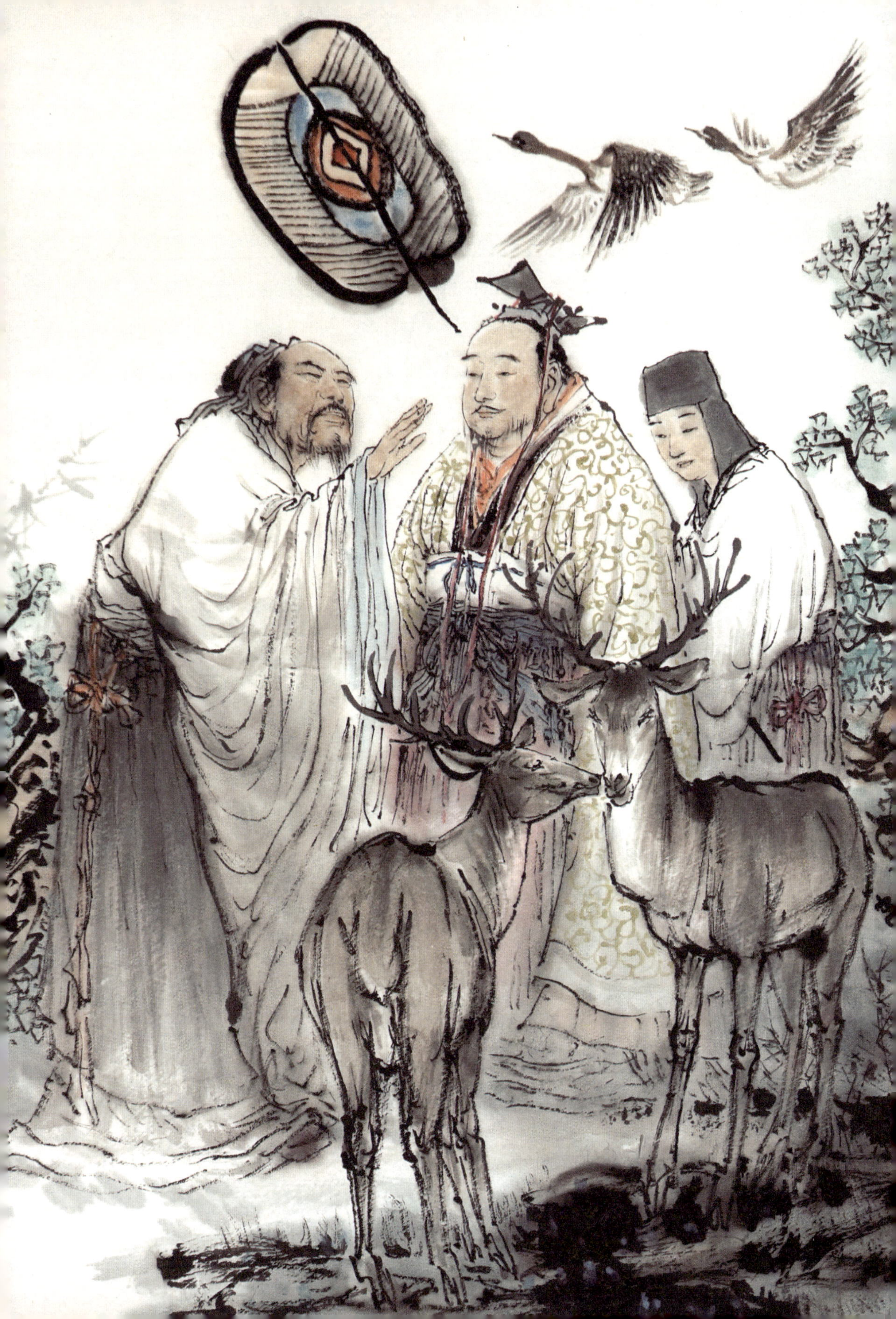

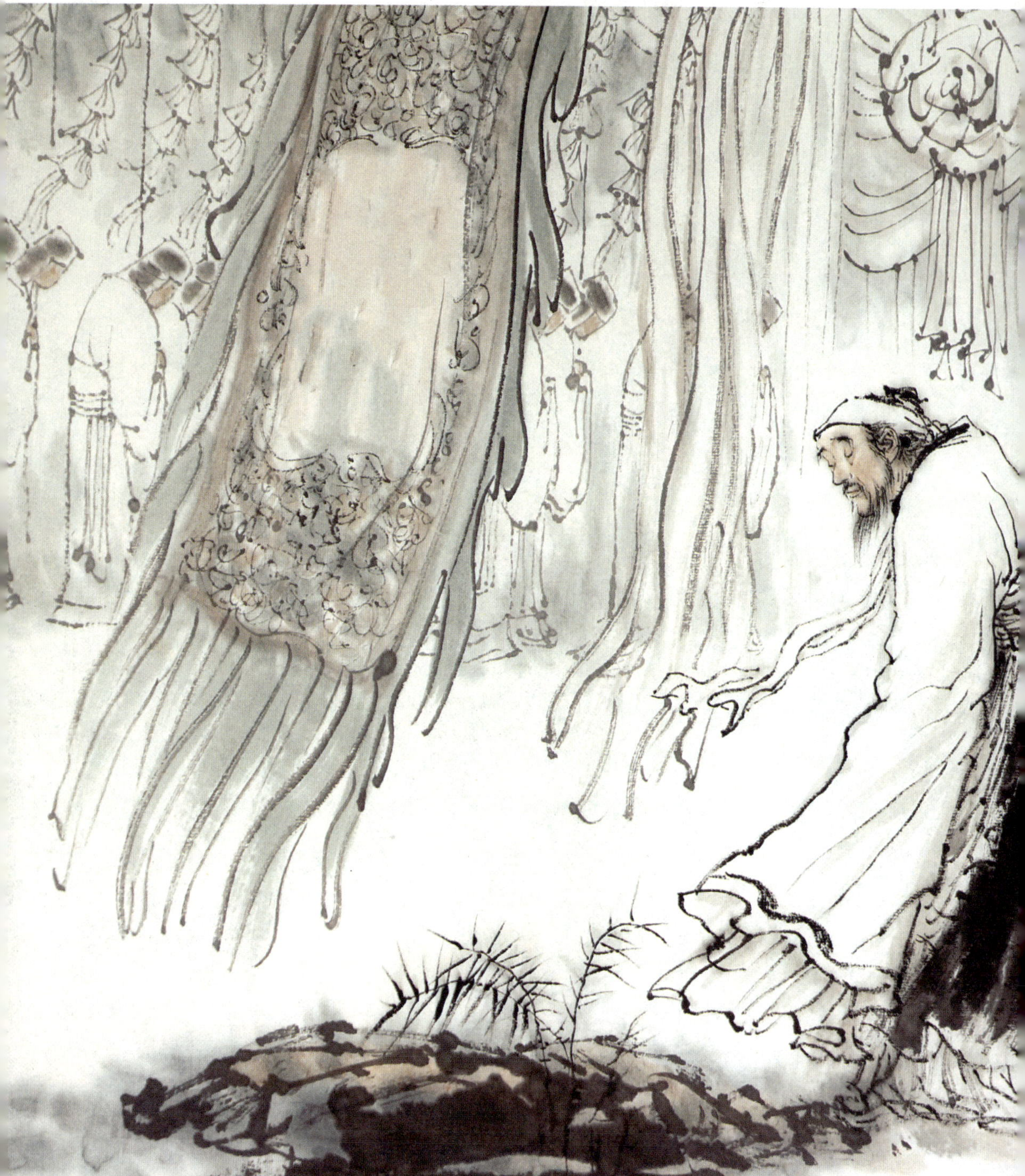

今王发政施仁，
使天下仕者皆欲立于王之朝，
耕者皆欲耕于王之野，
商贾皆欲藏于王之市，
行旅皆欲出于王之途，
天下之欲疾其君者皆欲赴愬于王。
其若是，
孰能御之？

《孟子·梁惠王上》

对于自己在战争中的失败，
梁惠王一直耿耿于怀：
"想我梁国也曾是数一数二的大国，
而我却接连败于齐、秦、楚，太屈辱了，
如何为战死之人报仇雪恨呢？"
孟子进谏：
"大王若对百姓实施仁政，少用刑罚，减轻赋税；
让年轻人学习孝悌忠信，
在家侍奉父兄，在外尊重长上，
他们即使拿着木棍也能打败齐、楚。
古语称这为'仁者无敌'。"
多次交谈之后，
梁惠王对孟子钦佩不已。
但上天又一次捉弄了孟子，
孟子到梁国的第二年，惠王就去世了。

梁惠王之子襄王即位，
孟子谒见襄王。
出宫后，孟子叹道：
"远远望去，不像个国君的样子；
走近了，也看不到威严所在。
与我交流，更是前言不搭后语。"
孟子感到自己再待在梁国已毫无益处。
此时，
正逢齐威王去世，
其子宣王继位，
实施新政。
孟子决定离开梁国再次赴齐。
经过范邑时，
恰巧碰到齐宣王在外巡视，
远远望去颇具王者风范，
孟子不禁感叹：
"居住环境改变气度，饮食奉养影响体态，环境的影响真大啊！"

可以仕则仕，可以止则止，可以久则久，可以速则速，
孔子也。　《孟子·公孙丑上》

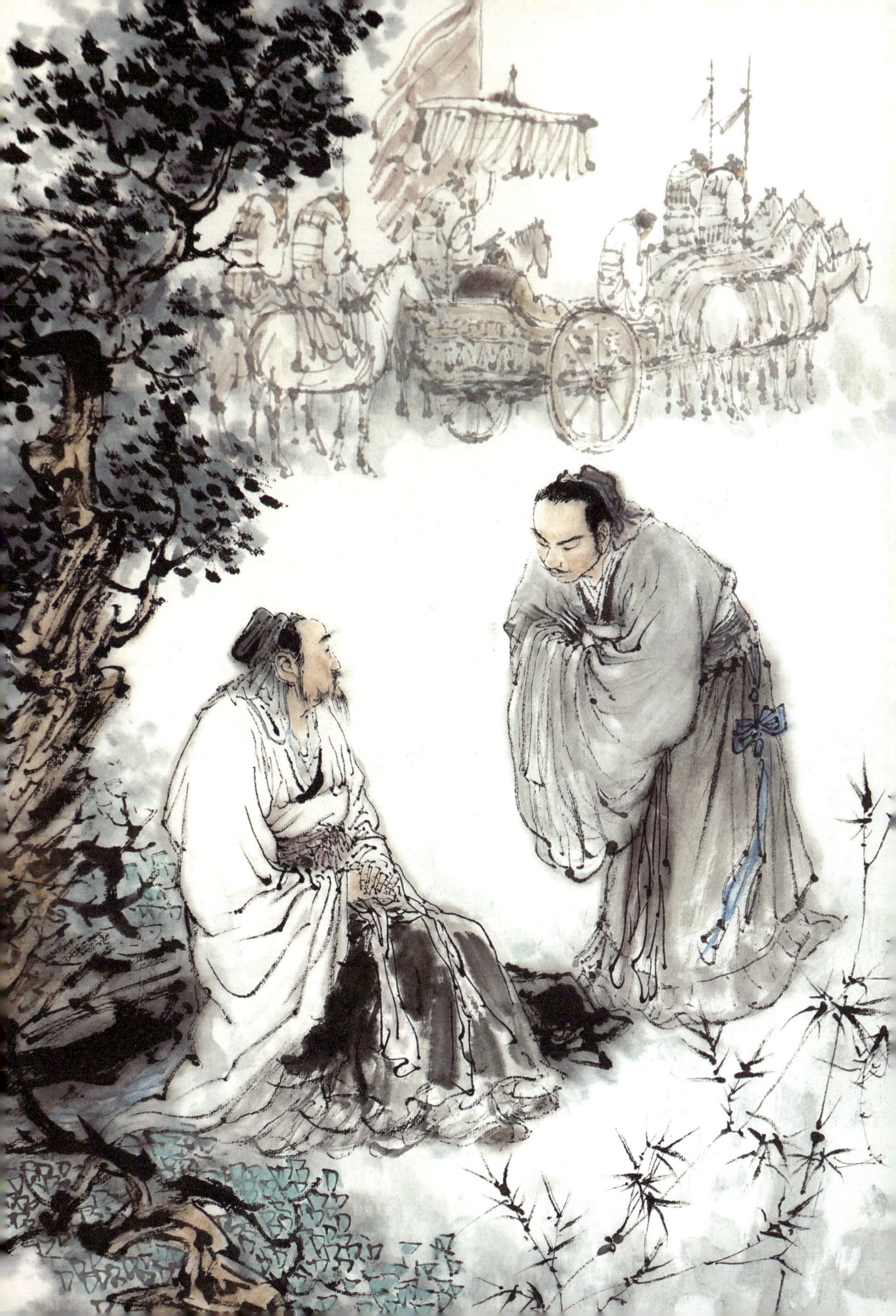

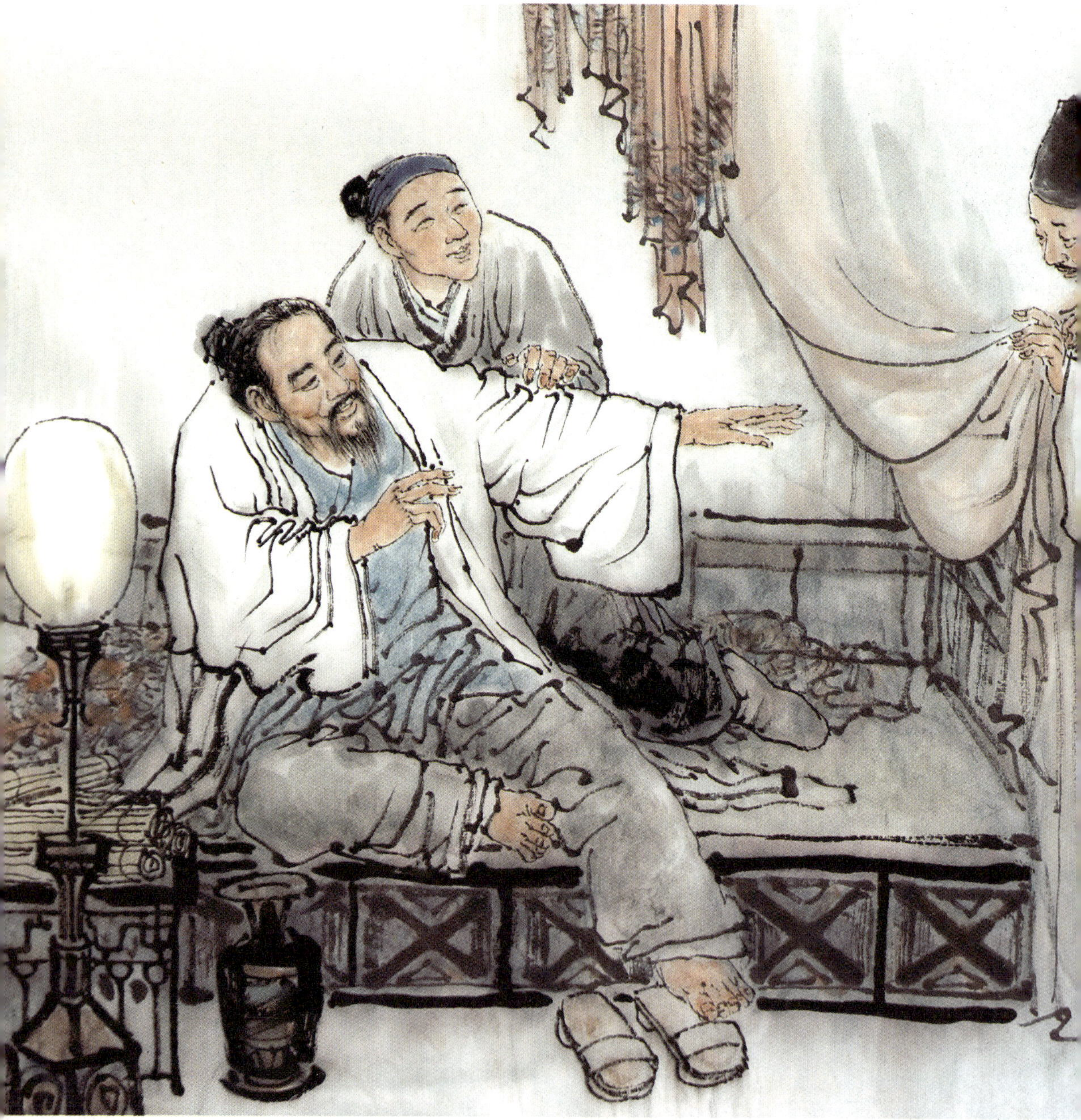

> 君之视臣如手足，则臣视君如腹心；
> 君之视臣如犬马，则臣视君如国人；
> 君之视臣如土芥，则臣视君如寇雠。
> 《孟子·离娄下》

孟子的知名度与初次来齐时已不可同日而语。
齐宣王对他甚是好奇，
派人窥探他的日常起居，
想看看他究竟和别人有什么不同。
孟子得知后，笑道：
"能有什么不一样呢？
即使是尧、舜，也和一般人没什么区别啊！"
这天，孟子正要去觐见齐宣王，
宣王派使者传信：
"我原想来看望您的，不巧着了凉，不能吹风。
如果您来朝见，我就临朝办公。
不知您肯来见我吗？"
孟子听后，对使者说：
"不幸得很，我也生病了，没办法上朝。"

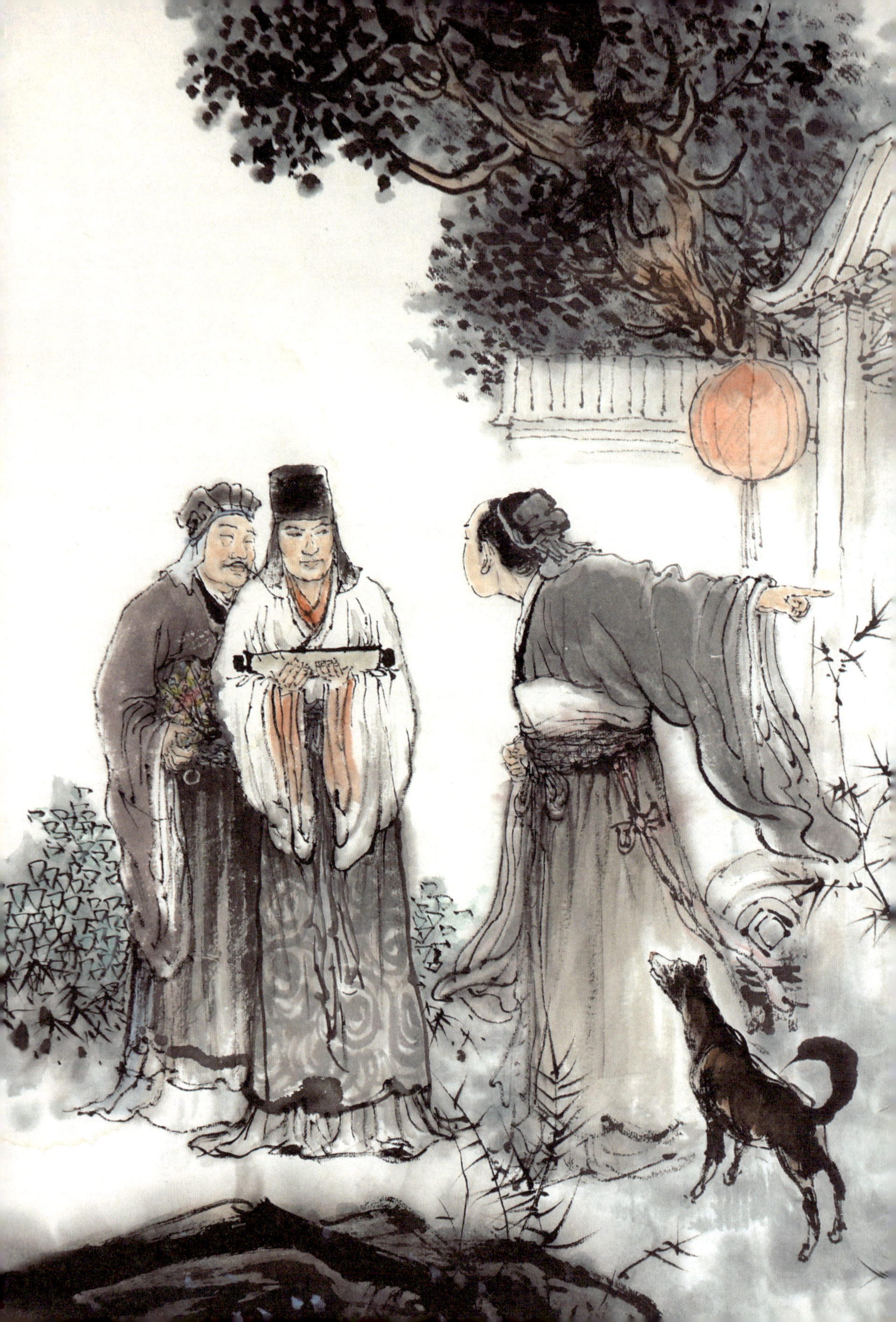

第二天，
孟子要去东郭大夫家吊丧。
公孙丑劝他说：
"您昨天才托词有病谢绝宣王的召见，
今天就去吊丧，不太好吧。"
孟子道：
"昨天生病，今天却好了，为什么不能去吊丧呢？"
孟子刚出门，
齐王就派人来探病，
还有医生同行。
孟仲子告诉使者：
"昨天接到大王命令，他正好生病不能前去。
今天病稍好，他就赶紧上朝去了，不知道现在到了没有。"
使者一离开，
孟仲子就急忙派人到孟子回家的路上拦阻他，
告诉他：
"你千万不要回家，赶紧上朝去吧。"

欲见贤人而不以其道,犹欲其入而闭之门也。夫义,路也;礼,门也。惟君子能由是路,出入是门也。 《孟子·万章下》

孟子没办法,
只得躲到景丑的家里去住宿。
景丑不明白,问道:
"我见大王对您很敬重,
却没看见您怎么尊敬大王啊?"
孟子解释道:
"天下公认为尊贵的有三样:
爵位、年龄、道德。
在朝堂上,先论爵位;
在乡里中,先论年龄;
至于辅助君主、统治百姓,
自然以道德为最上。
齐王怎能凭他的爵位
轻视我的年龄和道德呢?
所以想要有大作为的君主,
必定有他不能召见的臣子,
若有事要商量,
那就亲自前去请教。
如果他不能
诚心实意地崇尚道德、喜爱仁义,
就不值得同他一起干事。"

临淄郊外有处离宫叫雪宫，
亭台楼阁装饰华丽，
园中豢养着各种珍禽异兽。
宣王召孟子至此，问道：
"贤者也有这种快乐吗？"
孟子答：
"有。如果没有，他们就会抱怨君主。
得不到就抱怨君主，不对；
但作为君主不与民同乐，更不对。
与天下人同忧同乐，还不能称王，是不曾有过的。"
宣王又问：
"听说周文王的园林纵横各七十里，是真的吗？"
孟子答：
"史书是这样记载的。"
宣王不禁问道：
"我的园林纵横才各四十里，怎么百姓都觉得大呢？"
孟子说：
"文王园林虽大，却是与百姓一起享用的，
割草砍柴、打鸟捕兔的人都能进入。
而在您的园林中，
杀了只麋鹿就跟犯了杀人的罪一样，
百姓怎么能觉得不大呢？"

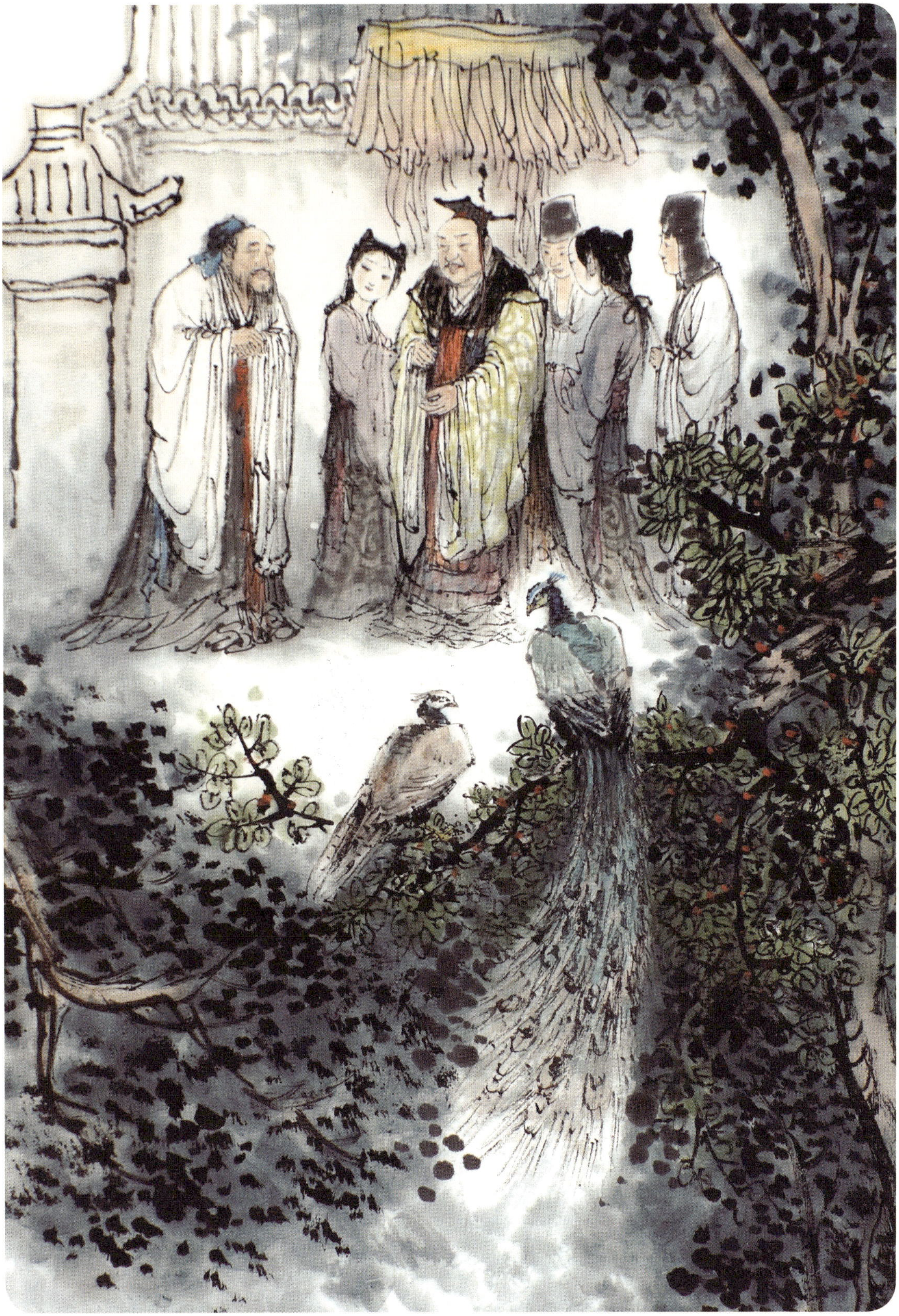

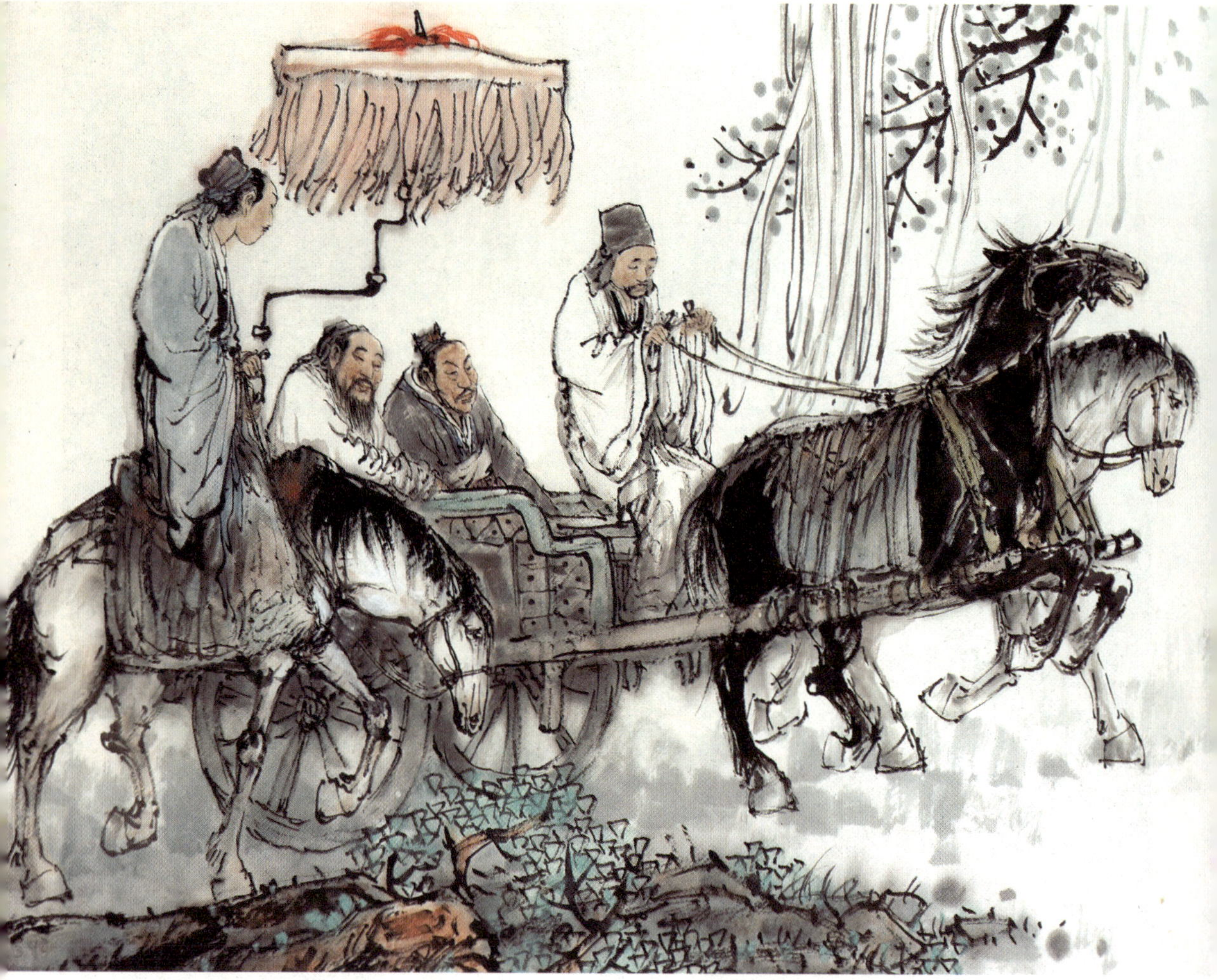

滕文公逝世，
齐宣王派孟子去吊丧，
盖邑大夫王驩（字子敖）为副使同行。
一路上，
王驩早晚都要来见孟子，
但在往返齐国与滕国的路上，
孟子却不曾和他谈起出使的事情。
公孙丑不解，便问孟子。
孟子说："这事既然有人在办了，我还要说什么呢？"
齐国大夫公行子为儿子办丧事，
王驩也去吊唁。
他一进门，大家都去跟他寒暄，孟子却不理他。
王驩很不高兴，说道：
"各位大夫都来跟我说话，只有孟子怠慢我啊。"
孟子听到后说：
"依礼，在朝堂上不能越过位置交谈，不能跨过台阶作揖。
我以礼相待，子敖却认为我怠慢了，不是很奇怪吗？"

公元前316年，
燕王哙把王位让给了相国子之，
从此不过问政事。
第二年，
燕国发生内乱。
太子平与将军市被攻打子之，
几个月没有成功，
反被子之杀害。
齐宣王想借机吞并燕国，
于是派将军匡章伐燕，
五十天就攻下了燕国国都，
擒住了子之，
将他砍死。

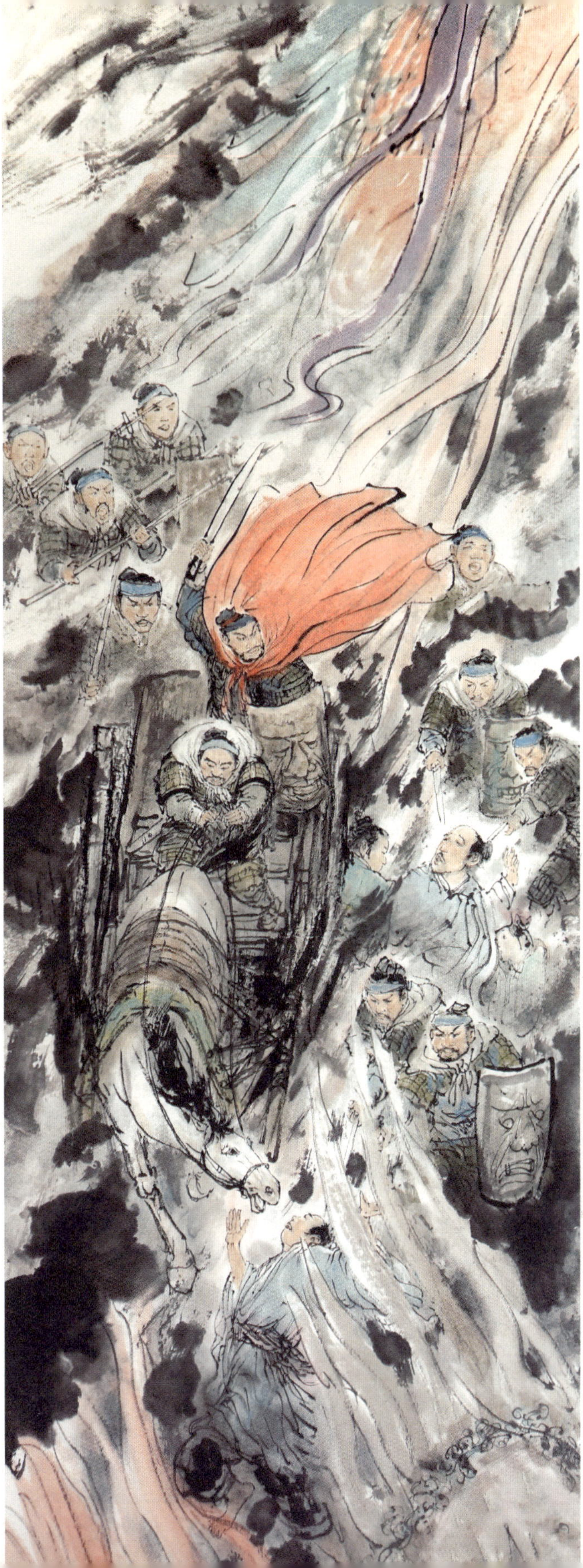

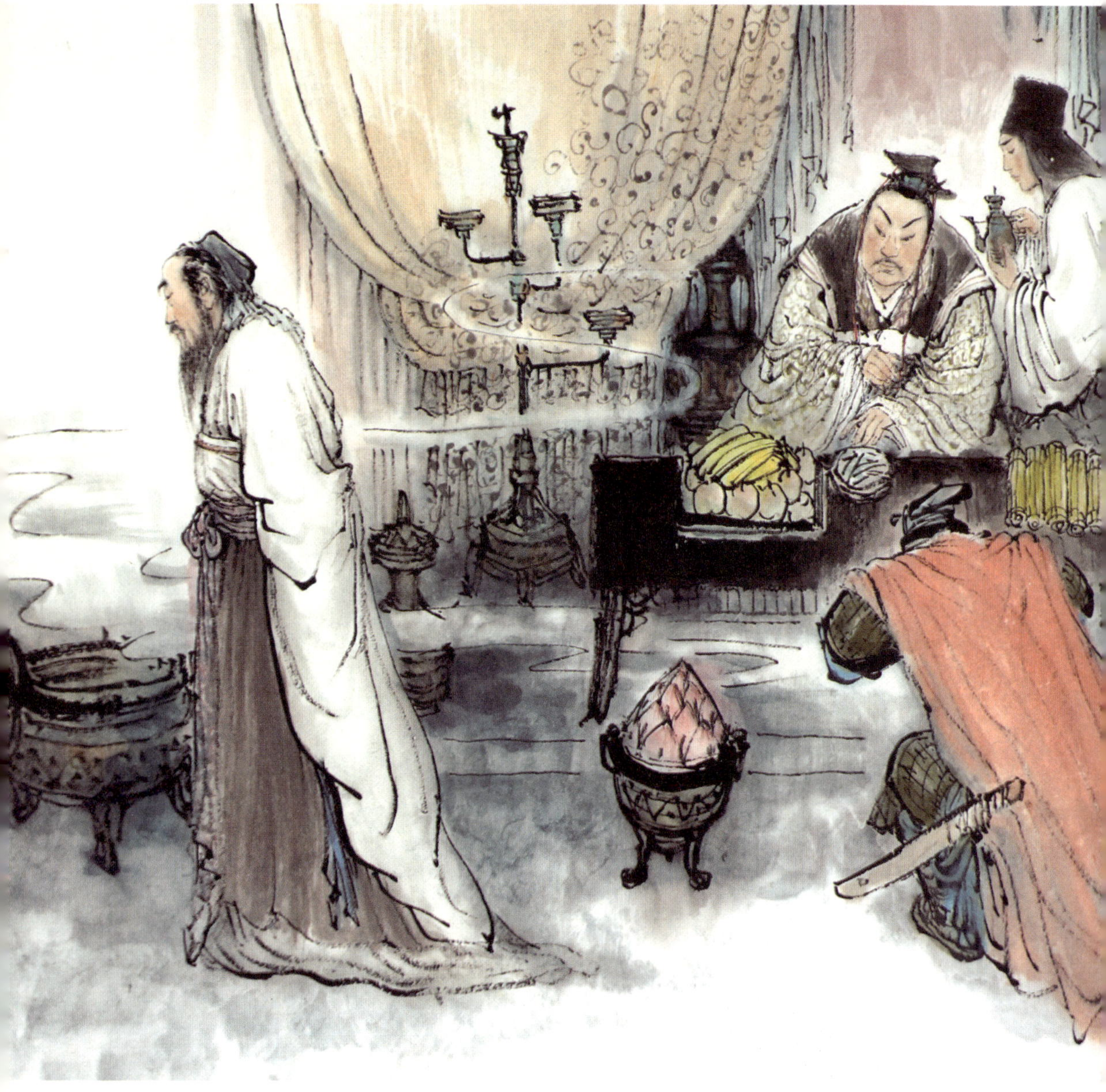

胜利后,齐军在燕国的行径十分残暴:
不仅滥杀无辜,抢夺财物,
还毁坏燕国宗庙祠堂。
各路诸侯于是商讨出兵救燕。
宣王问孟子该如何是好。
孟子劝齐宣王下令严肃军纪,
停止残害百姓、掠夺财物,
与燕国百姓商量选立新君,然后撤兵。
但齐宣王并没有采纳孟子的建议。
两年后,
燕国人在诸侯的帮助下拥立燕昭王,
反抗齐国,齐军大败而返。
齐宣王慨叹:"我愧对孟子。"

孟子曰:"天时不如地利,地利不如人和。……得道者多助,失道者寡助。寡助之至,亲戚畔之;多助之至,天下顺之。以天下之所顺,攻亲戚之所畔;故君子有不战,战必胜矣。"　《孟子·公孙丑下》

齐宣王因自己未听孟子劝谏而惭愧，
孟子则因齐宣王不纳己见而失望，
君臣间产生嫌隙。
孟子决定辞去卿位，离开齐国。
宣王不舍，亲自去见孟子，挽留他。
孟子只能回答："希望以后还能相见。"
过了几天，齐宣王对齐国大夫时子说：
"我想在国都给孟子一处房屋，
以万钟粮食供养他的弟子，
让我国的百姓有所效法。
你何不替我去说说？"
孟子听后，回复说：
"如果我想发财，
何必辞掉十万钟的俸禄，
却接受这一万钟的赏赐呢？"

富贵不能淫，贫贱不能移，威武不能屈，此之谓大丈夫。
《孟子·滕文公下》

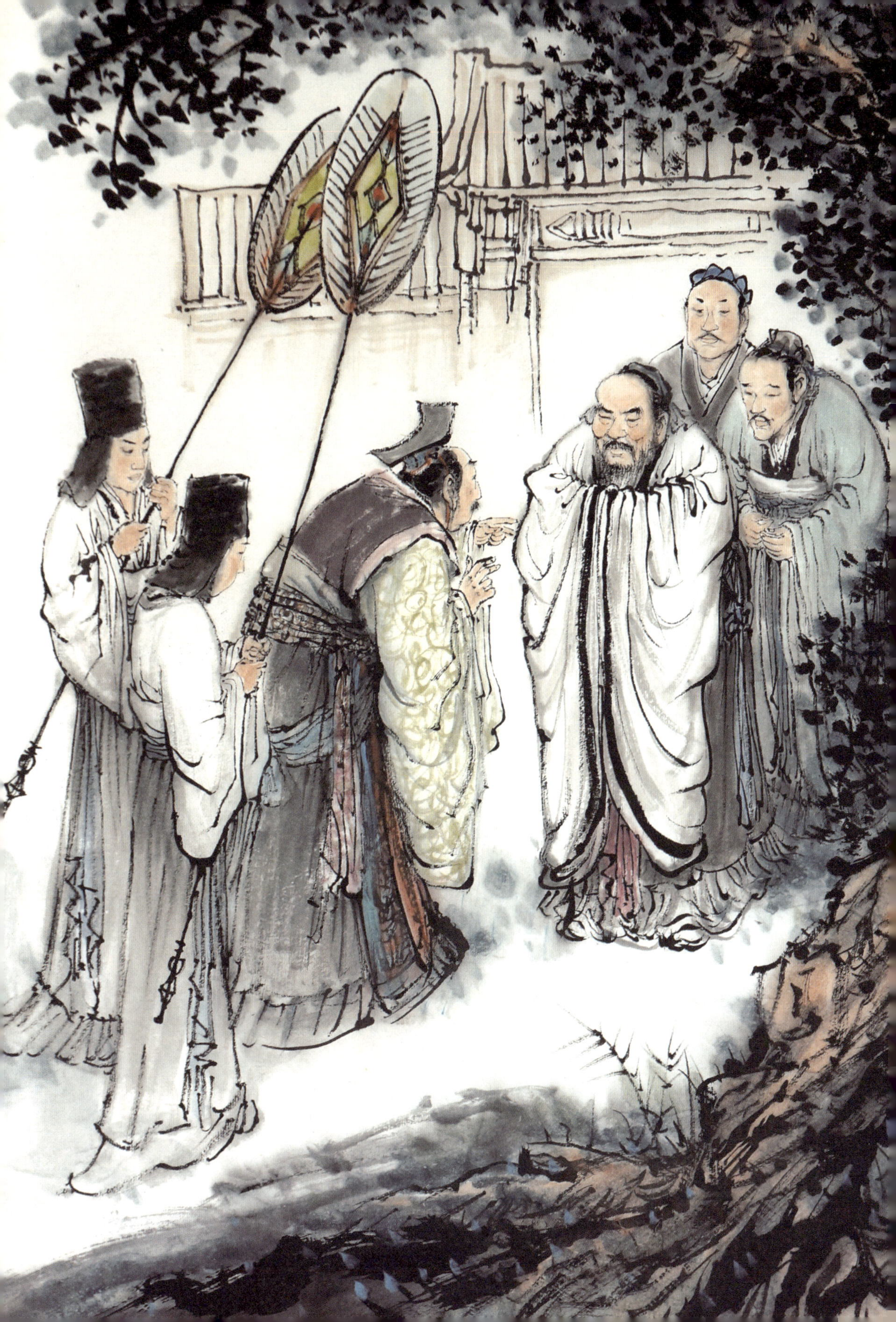

孟子离齐，在昼县过夜。
有人想替齐宣王挽留孟子，
他恭敬地坐着同孟子说话，
孟子却不加理会，
伏在几榻上睡起觉来。
那人很不高兴：
"我先斋戒一天才敢来跟您说话，
您却睡觉不听，
以后再也不敢与您相见了。"
孟子忙道：
"如果不能得到齐王的尊重、任用，
只因齐王的供养而留下来，
你让我这个老头如何自处呢？"

孟子曰："鱼，我所欲也，熊掌，亦我所欲也；二者不可得兼，舍鱼而取熊掌者也。生，亦我所欲也，义，亦我所欲也；二者不可得兼，舍生而取义者也。"
《孟子·告子上》

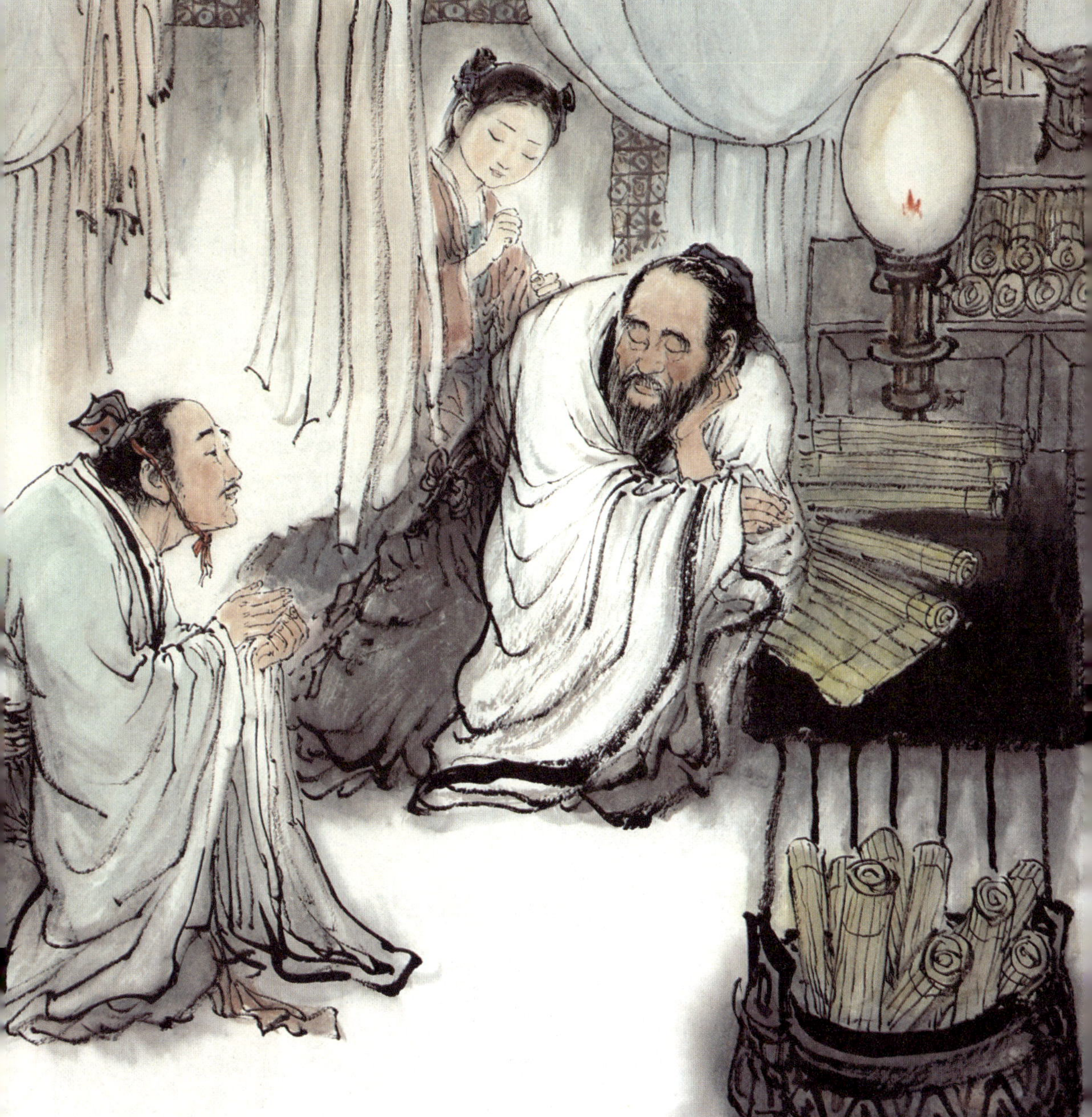

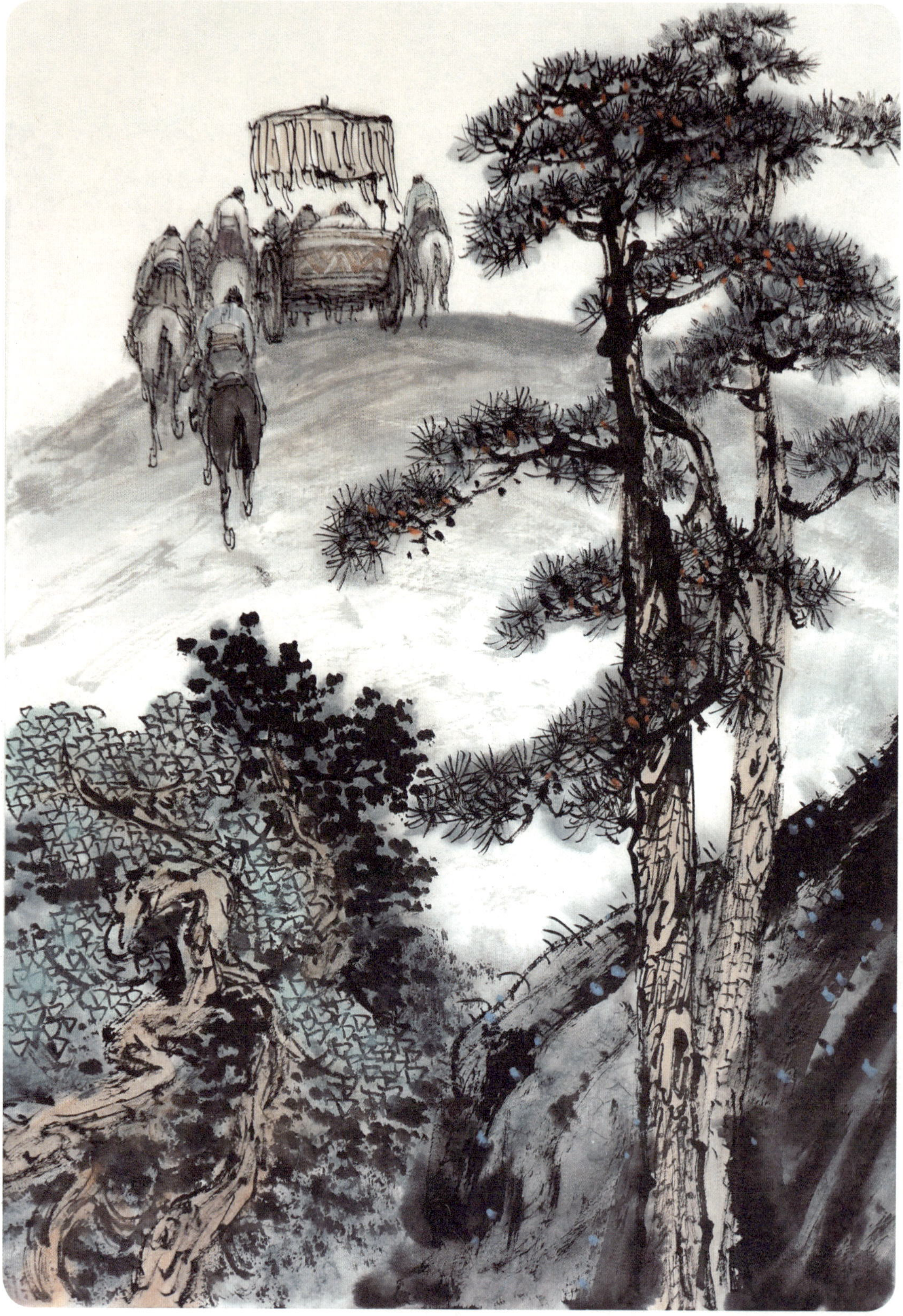

孟子在昼县停留了三天，
希望齐宣王召他回去，并重用自己，
让齐国太平、天下太平。
但齐宣王终究没有来，孟子无奈地踏上了归程。
路上，充虞见孟子不高兴，便问：
"从前您不是说'君子不怨天尤人'吗？"
孟子道："此一时，彼一时。
历史上每五百年必定有圣君兴起，也会有辅佐他的贤臣。
周朝至今已有七百年了，上天如果想让天下太平，
当今之世，舍我其谁？"
带着无限的怅惘，
孟子结束了游历生涯，回到故乡。
齐国是孟子游说诸侯的起点，也成了终点。

> 故天将降大任于是人也，必先苦其心志，劳其筋骨，饿其体肤，空乏其身，行拂乱其所为，所以动心忍性，曾益其所不能。……然后知生于忧患而死于安乐也。　《孟子·告子下》

六十多岁的孟子回到邹国后专心讲学，与弟子公孙丑、万章等人编纂游历中的辩难答问之言，著《孟子》七篇，将自己的思想留传后世。

《孟子》一书共有七篇，分别为《梁惠王》《公孙丑》《滕文公》《离娄》《万章》《告子》《尽心》，每篇再分上下，共计14部分。

公元前289年，周赧王二十六年十一月十五日，
这位伟大的儒者与世长辞，终年84岁，
但他的思想却影响着整个中华民族，直至今日。